リクルートに会社を売った男が教える仕事で伸びる50のルール

松本 淳 Jun Matsumoto

フォレスト出版

はじめに

――「想像」と「実行」の繰り返しが仕事と人生の未来を切り拓く

「いったい、なんのために仕事をしているのですか？」

これは、多くのビジネスパーソンのメンターとして、いつも僕が発するごく基本的な問いだ。シンプルな問いだけれども、あなたは、自信を持って即答できるだろうか？

お金のため。食べて、そして生きていくため。そういう答えも、たぶん間違いではない。

しかし、完全に割り切るとしたら、仕事をすることは「必要悪」ということになってしまう。大切な、1回きりの人生。本当にそんな考え方でいいのだろうか？

仕事は、人生の大半を費やすものだ。だからこれを単なる「必要悪」だと考えてしまったら、その人生は全体として不幸なものになる。起きている時間のうちの大半を、ただ「早く終わらないかな」と、時計だけを眺めてすごすことになるのだから。

「仕事」というものが持つ、特筆すべき特徴はなんだろうか？

それは、趣味とは違って、仕事には「リスク」があるということだ。裏を返せば、だからこそ、仕事にはスリルがある。仕事での失敗は金銭的なダメージに直結するし、悪い場合には人生のプランをも狂わせることにもなる。仕事にはそういった現実的なリスクがあるからこそ、逆に、人生を変えるくらいの、とてつもなく大きな利益を得ることができるのだ。

だからこそ、仕事がうまくいったときの喜びは大きい。リスクのない「趣味」から得られる楽しみも悪くはないが、仕事から得られる喜びは、ほかのものとはまったくレベルが違う。まさに、段違いの喜びを得ることができるのだ。

僕は、かつて、創業した会社を5年後にリクルートに売却した。創業から売却に至るまでの起業時代は、人生におけるリスクが極めて大きい期間でもあった。今とは違い、システムを作るのに大きな資本が必要な時代だ。システム費用や自前サーバのリース費として5000万円、銀行からの運転資金融資で5000万円、合計1億円を「会社代表個人の連帯保証付き」でずっと借りつづけているという状態だった。

しかし、そのリスクを取りに行ったからこそ、仲間と一緒に事業を作り上げ、そしてまったく想像もできなかった世界を見られるという貴重な体験を得た。このときの経験は、今の僕のすべての基礎を作る、何ものにも代えがたい根本の要素になっている。

仕事は、真剣勝負であるからこそ、本当の意味での成長が実現できる場でもある。仕事を通じ、多くを学び、成長し、そして人格も形成されていく。これらこそ、仕事をするということの真の意味だといえるだろう。仕事をしてお金を得ることは必要条件ではあるが、決して十分条件ではないはずだ。

これまで、多くの経営者、起業家、若手リーダーのメンターを務めてきたことで気がついた事実がある。それは、「仕事に真剣に向き合って自己成長を実現してきた人ほど、人間として本当に磨かれた存在になっている」ということだ。これは、本当に大切なこと。仕事、そして自分の限界に真摯に挑んできた人が、本当に尊敬される大人になっているのだ。

では、正しく成長するために大切なことは何か？
それは、常に自分なりの「想像力」を磨きつづけることだ。仕事を、単に作業としてこなすだけでは何も得られない。人生における貴重な時間を、ただ賃金に変換するだけなんて非常にもったいない話だ。自分の中での真剣な「想像」を追求することにより、それが大きな実行力を生む。そしてそれを繰り返すことにより、自分自身の正しい成長へとつながるのだ。

では、仕事において、「想像」すべきこととはなんだろうか？

・今ここで、自分が出すべき価値は？
・相手が本当に欲している結果は？
・この課題の本質はどこにあるのか？
・5年後、10年後の世界の姿はどうなっているのか？

このような「想像」を突き詰めることは、とても大切だ。しかし多くの人は、

あまり何も考えずに仕事をこなしているだけか、想像しているつもりでも、まだ踏み込みが足りないレベルに留まっている。もっと高いレベルで想像を繰り返すことにより、自分の仕事の質を高め、求められる結果を出し、そして、理想的な成長を実現することができるのだ。

振り返ってみると、僕自身も、若い頃からこれまでずっと「想像しつづける人生」を歩んできた。まだ見ぬ世界を想像し、それを確かめるためにバックパッカーとして世界を旅した。自分が世の中に与えられるインパクトを想像し、それを実行してみるために起業した。その起業の経験を世界にも広げる想像をし、事業を売却、また一からアジアでの教育事業をスタートした。

こうやって「想像」と「実行」を繰り返すことにより、たくさんのことを手がけ、実現させてきた。そして、今がある。自分が繰り返してきた想像と実行のサイクルをほかの人に共有すること、それが自分のメンタリングのスタイルだ。人がうまく「想像」できるようにサポートし、そして、自己成長のために一緒に考え、最後に背中を押しているのだ。

さて、今この文章を読んでいるあなたは、仕事をする中で、いつも十分な「想像」はできているだろうか？　その結果、進むべき方向が見え、正しい成長を実現できている、そのような実感をしっかりと持っているだろうか？　誰か信頼できる人に、客観的に自分のことを相談したいと思ったことはないだろうか？

本書は、読者の皆さんに対し、1対1のメンタリングセッションをする気持ちで書いた。これまでの実際のセッションの中で抽出された、仕事に向き合うために大切な「50のルール」を提示する。それらは決してマニュアルではなく、どのように想像し、行動すべきかという、「自分で考えるための指針」となるように書いた。だから、それらを単に受動的にインプットをするだけではなく、常に自分自身に置き換え、深く掘り下げ、思考のアウトプットを意識しながら読んでほしい。50のルールは、どの順番で読み進めていってもらってもかまわない。

そして、50のルールを深めるためのそれぞれの「ワーク」によって、自分の奥底に眠っている考えを言語化し、自分の本当の能力を引き出してほしい。それが「想像する」ということであり、自分自身の確かな成長へとつながる道だ。

本書は「仕事」に向き合うビジネスパーソン向けに書かれたものだが、たとえば学生でまだ仕事を持っていない場合、それを「自分が取り組むべき課題」と読み替えてもらってもよい。必ず、これからのためになると思う。

今から皆さんに提示する「50のルール」、そしてそれぞれのワークを通じ、冒頭の「なんのために仕事をしているのですか?」という問いへの手がかりを、ぜひとも自分自身で見つけ出してほしい。そしてそれが、皆さんの良い仕事、キャリア、そして人生の道しるべとなることを心から願う。

さあ、では今から、「メンタリングセッション」を始めよう。

目次

第2章 困難にめげないメンタルを育てるための12のルール

第3章 良質な人間関係力を育てるための13のルール

第4章 未来への想像力を育てるための11のルール

ブックデザイン　bookwall
本文DTP制作　津久井直美
プロデュース&編集　貝瀬裕一（MXエンジニアリング）

第1章

圧倒的な仕事力を育てるための14のルール

rule 01

コロナ後の世界で必須の「3つの能力」

新型コロナウイルスの影響により、2020年以前の世界と以降の世界では大きく様変わりしてしまった。コロナ禍が社会に与えたさまざまなインパクトの中でも、特に「人の能力、そして働き方」に非常に大きな変化があったことを見逃してはならない。

もちろん、人を評価するときの基本的なポイントはコロナ前でもコロナ後でも共通するものは多い。しかしその中でも特筆すべき、これから迎える新しい時代で特に歓迎される能力は次の通りだ。

① フリーランスのような自己管理能力
② 起業家のような自己モチベート能力
③ 本当に人に伝わるライティング能力

これらの能力は、もちろんコロナ以前の世界でも重要だった。しかし、リモートワークが「普通のこと」になり、社外の人との打ち合わせもオンラインで十分に対応可能となった。その状況で必要なのは、リアルに人と接していなくても自分を律することができ、自分自身を鼓舞することができる力、そして離れていても、「正確で伝わるコミュニケーション」を実践できる力だ。

①フリーランスのような自己管理能力

リモートワークについて、経営者はこんなことを考える。「〇〇くんにリモートワークをまかせても大丈夫だろうか？　誰がオフィスにいて、誰にリモートワークをやってもらうのが最も生産性が高いだろう？」

リモートワークに向く人、向かない人の選別はとても重要だ。それは職種のみならず、「個人の性格や能力」によっても大きく左右される。そのときに重要視されるのは、「自己管理能力」だ。自分を律することができる人材には「オフィスでもリモートでもどちらでも」という選択肢が与えられる一方で、「自分を管理できない」と見なされてしまった人には、オフィスで働くしか道はなくなる。そうなると、キャリアの選択肢が狭まってしまうのは明らかだ。

　フリーランスとして働く人は、普段から自分を律する能力に長けている。**誰かが管理してくれるという考えでは生き残れない。会社員であっても、そのような姿勢がこれからは重要になる。**

② 起業家のような自己モチベート能力

　①で述べた「自分を管理する能力」と同様に、「自分自身をアゲていく」ことができる、自己モチベートの力もとても大切だ。
　オンラインで仕事をするときにネックになるのは、周囲に人がいないために、やる気が削がれてしまったり自分の評価に対して不安になってしまうこと。またリモート環境にいると、割り振られた仕事はこなせても、「組織全体が抱える課題」は、オフィスにいるときよりもかなり見えづらくなる。

　そのような「見えにくい」課題に対し、起業家精神を発揮し、みずからそれを発見し、解決法を探して実行する積極的な姿勢が求められる。**自分の力で仕事を探し、優先順位をつけていく力はこれからの時代、極めて重要だ。**

③ 本当に人に伝わるライティング能力

オンライン環境になると、会話よりも、テキストでのコミュニケーションで仕事を進める割合が増える。Ｚｏｏｍも使うが、普段オフィスにいるときよりも同僚との会話量は激減する。新しい企画や日頃の雑談でさえ、チャットツールなどを使ってテキストで進めることが多くなる。

これまでオフィスでも、社内コミュニケーションにテキストは多く使われてきた。しかしそれはあくまでサブとしての位置づけであり、主役はあくまで面と向かっての会話でのコミュニケーションだった。

しかしリモートワークでは、むしろ「テキストがコミュニケーションの主役」となる。だから、文章作成や読解の能力が、これまでよりも飛躍的に重要度が増す。文章の読解についてはまったく問題がなくとも、文章の作成は苦手だという人はかなり多い。かつ、会話のうまさと文章作成のレベルはあまりリンクしなかったりする。

これからの世界では、ライティング力を意識的に磨くことは、必須のタスクであるといえよう。**シンプルかつ正確で、「人を動かせる」文章を書けることが、ビジネスの主導権を握り、リーダーシップを発揮することにつながる。**

これらの3つの能力は、やろうと思えば自分の努力で身につくものだし、日々の働き方や成長に対する姿勢によるところが大きい。もし自分に足りないところがあると感じるのであれば、いち早くこれらを習得し、次の時代により価値を発揮できる人間になるべきだ。

まとめ

アフターコロナで価値を発揮するためには、自己管理能力、自己モチベート能力、ライティング能力に磨きをかけよう。

work

これら3つの力の中で、自分が得意なもの、苦手なものは何かを考えてみよう。そしてこれらの能力を伸ばすために、今日から何ができるかを「具体的に」考えて書き出してみよう。

- **得意なこと（　　　）**
- **苦手なこと（　　　）**
- **今日からできること（　　　）**

rule 02

情報は「消費」のみならず、「生産」こそ大切

世の中、マジメで勉強好きな人がとても多いなあと感じる。ツイッターやフェイスブックを見ても、みんな、プロフィールに「月に○○冊の本を読破！」みたいに読書好きをアピールしていたり、「こんな本を読んだ」「あんなセミナーに参加した」という感想やレビューを日々投稿したりしている。

読書やセミナー参加で情報を積極的に取りに行くなど、多くのことを学ぼうとする姿勢はとても重要だと思う。そのことが自分の知識の基礎を作り、新しい発想の源泉にもなるからだ。常に多様な知識を得ようとする努力は、価値ある仕事をするための基本中の基本だ。

しかし、だ。自分のまわりの人で、「あの人はものすごく本を読んでるし、いろいろなことをいつも勉強してるようだけど、そのことを日々の生活や仕事に本当に活かせてるの？」と疑問に思う人はいないだろうか。「月に50冊も本を読むのは大変な労力で確かにすごいとは思うのだけど、普段のアウトプットのレベルやクオリティがその労力に見合ってない

のでは？」というようなケースも多く見受けられる。

「お勉強好き」な人がおちいるワナ

勉強やインプットが好きな人は世の中にとても多い。でも実は多くの人は、「勉強すること」そのものに満足してしまっている。その1つの要因が、「情報をインプットすることは楽しい」ということだ。自分が知らないことを知りたいというのは、人間の根源的な欲求だ。世の中には本嫌いな人もたくさんいるけれど、たとえそんな人でも、友人との会話などで新しいことを知るのはいつも楽しいはず。

だから、多くの人はひたすら読書などのインプットに努める。世の中には本を読まない人も大勢いるから、そういう人たちに比べたら「自分はきちんと勉強しているし、ものごとも多く知ってる」という優越感も持つことができる。それが、SNSのプロフィールなどで、「本を○○冊読みます」というアピールしたいという気持ちにもつながる。

でも、**単にインプットばかりしてると、情報を「消費」することだけに慣れてしまい、それを活用できない状態におちいってしまう。**本はたくさん読むけれど、前に読んだ本の内容は片っ端から忘れてしまう（そういう経験はないだろうか？）。「一消費者」というポジションに自分を安住させてしまうから、単に多くの情報量を求めることだけに走ってしまい、せっかく勉強した知識や情報を自分の中で「休眠ストック(さらには紛失状態)」にしてしまうのだ。

「アウトプット・ファースト」の重要性

だから、単に「ひたすら知識を吸収するだけの人」になる危険性を回避するためにも、インプットのみならずアウトプットを実行することがとても大切だ。アウトプットするクセや習慣を身につけないと、物事を批判的に観る力も弱くなってしまう。自分の意見を持たずに単に他者の意見を吸収するだけになるから、せっかくの読書時間や勉強時間もとても薄いものになってしまう。

このとき、多くの人は「まずはインプットしなければアウトプットするものがない」と考えてしまう。だから、いつまでたってもアウトプットが始まらない。ツイッターを始めてみたのはいいけれど、「何も書くことがない」といって挫折してしまう人はまさにこのタイプだ。

そうではなく、むしろ**「最初にアウトプット」しようとする意識が大切だ。**アウトプットはしんどい。まずはいったい何をアウトプットすればいいか悩むし、その内容も「世間に公表するに足りるものかどうか……」などと悩んでしまう。そうやって自信を失い、萎縮してしまうのだ。だから、気持ちのいい「インプット」に再び逃げ込んでしまう。

アウトプットは苦しいが、そのプロセスを経験してみて、初めて「自分にどんな知識が不足しているのか」「何を学ばなければならないのか」などがクリアに見えてくる。先にアウトプットで自分の中にあるものを出し切って、空になった容器をまた満たすためにあとでインプットをするイメージだ。

先にアウトプットしてから、空の容器を満たすためのインプットをしてみると、同じ本や文章を読むのでも理解度や吸収度が圧倒的に違うのがわかるはず。著者がなぜそれを書いたか、その意図もよりクリアに見えてくる。また、著者と自分の考えの違いも、先にアウトプットに挑戦してみたからこそ、よくわかる。

だから、とにかく「先にアウトプット」を心がけることが大切だ。いま、やろうと思えばいろいろなツールがある。ツイッターやフェイスブックなどのSNS、ブログ、自分が所属するコミュニティへの投稿文、「書く機会、書ける機会」はたくさん存在する。苦しくてもとにかく書く、自分の中にあるものを言語化して出してみる、その姿勢がとても重要だ。

まとめ

「十分にインプットしてからアウトプット」という発想ではなく、アウトプットファーストで、「まずは書いてみる」という姿勢が大切。

work

自分がアウトプットに適していると思われるツール（Webでも、紙でも）を書き出してみよう。

・ツール（SNS、ブログ、紙のノート、その他媒体など）

（　　　　　　　　　　　　　　　　　　　　）

そして、自分なりに「まずは何か書けそう」というトピックを考え、実際にアウトプットを実行してみよう

・自分が書けそうなトピック（　　　　　　　　　　　　　　　　）

rule 03

「知っている」と「やってみた」との違いは無限大

将来の自分の可能性を広げるためにも、常に勉強を継続し、自分をアップデートしつづけることはとても大切だ。しかしながら、何か新しく「知る」こと自体は、適切な努力さえ続ければできるはず。難しい概念を理解するのに多少は苦労することもあるけれど、それでも、きちんと学ぼうとする努力を続ければ、新しいものごとを「知る」ことは可能だ。

問題は、単に何かを「知る」ことだけで満足してしまい、それで十分だと思い込んでしまう姿勢。単に耳学問で情報を仕入れただけで、「自分はなんでも知ってるから大丈夫」と勘違いしてしまう危険性には注意が必要だ。実際、こういう考え方をしてしまう人は割と多い。

そういう人は、本を読んだり、人から何かを聞いたりするだけで、その世界のことをすっかり理解した気持ちになってしまう。こういう姿勢が、「評論家タイプ」の人を大量生産してしまうのだ。現場の実行レベルでの難しさを想像できず、単に自分が知っている範囲のことだけに照らし合わせ、ほかの領域のプロフェッショナルに対してもあれやこれやと上から目線で批判してしまう。

知識を持っていることは重要ではあるが、それは何かを実行するときの必要条件であり、十分条件ではない。しかしそのことを理解せず、単に何かを知っているというだけで万能感を持ってしまうと、いずれ大きな失敗を引き起こしてしまうことになる。また、そんな姿勢を続けていると、それ以上の成長は見込めなくなる。

まとめられた情報は「きれい」になりすぎている

読んだり勉強しただけのことと、実際にやってみることに大きなギャップが生じるのはなぜだろうか？　大きな理由の1つは、「文章や書籍としてまとめられた情報は、現場での細かい苦労、そして改善の努力や工夫が削ぎ落とされてしまっている」ということにある。

たとえば、500ページくらいあるビジネス書はかなりのボリュームに思える。しかし、仮に自分のやってる仕事の内容をすべて文字に起こそうと思った場合、500ページなどではまったく分量が足りないことに気がつく。そもそも書籍というのは、細かい部分は思い切ってどんどん削り、かなり話を絞った「読ませるストーリー」として編集しなければ、読み手が理解するのが難しくなってしまう。だから、大量の細かい情報が削ぎ落とされ、一部のみをクローズアップしたものが、最終的に本に記されている内容ということになる。

しかし、本や文章を読むことだけに一生懸命になっていると、ついそのことを忘れ、「書かれていることがすべて」だろうという勘違いを起こしてしまう。それで、本で読んだことだけをもって、かなりのことを理解したという気持ちになる。しかし実際は、文字に残されているようなことは、その仕事や領域全体からするとごく一部のエッセンスにしかすぎない。

書かれていないことに「貴重な知見」がある

だからこそ、ある分野のことを実際に詳しく知る必要がある場合は、なんらかの形で「自分も実際にやってみる」ことが大切だ。やってみると、文章には残されていなかった想定外のことに大量にぶちあたる。そして実際はその多くが、一見本質とはあまり関係のなさそうな些末なことや細かい手続き上の困難だ。

しかしながら、それら現場の細かい課題や対処法こそが、実際にやったことのある人だけが知る貴重なノウハウや知見だ。それらのことは、本や文章に残すには些末すぎることが多い。読んでも面白くないし、文章にする価値もあまりないように見える。だからこそ、まとめられた情報として共有されることは少ない。しかし、それらを知っていることこそが、現場を知る者の最大の強みといえるのだ。

「本物は厚みが違う」などと表現されることがある。この「厚み」というのは、なかなか具体的に言語化することが難しい。しかしあえて言うと、この「厚み」は、現場における一見些細なことの積み重ねから生まれるものだ。これらを、経験から得た知見として自分の中に体得しているからこそその「本物のプロフェッショナル」なのだ。

まとめ

文章や本にまとめられた情報は、「現場の細かい話」が削り取られ、主要テーマだけに絞り込まれている。読書を通じての勉強はとても重要だが、常にそのことを意識しておくこと。

work

今自分がやってる仕事（や学業）のことを文章に残すとすると、何を主要テーマに設定したいだろうか？　そして、文章にまとめるほどではないが、細かいけれど、実は大事なポイントはなんだろうか？　本を書くつもりで、「伝えることの難しさ」を実感してみよう。

・主要テーマ

（　　　　）

・細かいけれど、実は大事なポイント

（　　　　）

rule 04

仕事のスピードを上げたいのなら、結局は「基礎力」が必要

もっと仕事のスピードを上げたい！——誰しも、そう思ったことは一度や二度ではないだろう。スピードアップをはかるため、作業効率を上げるためのツールを工夫してみたり、ToDoリストの新しい運用方法を模索してみたり。そうやっていろいろと試行錯誤したこともあるかもしれない。

そういう細かい努力も、もちろん大切だと思う。日々の改善は積もり積もって、あとで目に見える差となって表れる。しかし、根本的な仕事のスピードは、それだけで大きく変わるものではない。「仕事が早い人＝仕事術に長けている人」ということではないのだ（多くの人が勘違いしやすいところだから注意）。

仕事の早さは、小手先のテクニックではなく、その人の「基礎力」で決まる。

「基礎力」の大切さ

いくら仕事を早く終えても、クオリティが低ければ評価されないし、おまけに十分な結果が出るまで何度もやり直すことになる。何でもパパッとやってしまうが、いつも結果がお粗末で、できたものも突っ込みどころだらけ——そんな人は「仕事が早い」と評価されるのではなく、単に「適当にこなす人」という烙印《らくいん》を押されてしまうだけだ。

「仕事が早い」ということは、単に仕事を早く終えるだけではなく、より重要なのは「短時間で、精度の高いアウトプットを出しつづける」ということだ。1つの仕事をいくつかのプロセスに分解したとき、その1つ1つのプロセスが正しくて、やり直しがなく、高いレベルで次々と完成していく——そんなイメージだ。早く見えるだけで仕事が粗い人は、この1つ1つのプロセスの精度が低い。だから結局、あとで全部やり直すということになるのだ。

「仕事のスピードを上げる」ということは、1つ1つのプロセスのクオリティを上げていくということ。そのためには、短期的に仕事のスピードを上げるのとは一見関係ないように見える、「基礎力」を上げることが必須となる。

ここで言う「基礎力」とはどういうものだろうか？　ここでは、特に重要だと思う能力を2つ挙げてみよう。

①（浅くてもいいので）幅広い知識

知識の多さは、一見、仕事のスピードにはあまり関係がないように見える。しかし、多くのものごとを知っていることは、仕事のスピードを上げる要因になる。

1人の人間が持てる知識の量にはおのずと限界がある。いろいろな仕事に関することをすべて熟知するなんて無理な話だ。しかし、ここで大事なのは知識の深さではない。全体的な仕事のスピードを上げるのに必要なのは、多岐にわたる分野の「ごく基本的なこと」だけでも知っているという、知識の広さだ。それぞれの知識は、別に深くなくてもいい。

幅広い分野の知識を持っていると、仕事の中で何か不明なことが発生した場合、その解決が早い。「どうすればその解決法が得られるか？」のメドをつけやすいからだ。ある領域に関して少しでも知見があると、どこに行けば詳しい情報があるかがわかるし、解決のポイントも見つけやすい。仕事のスピードアップを妨げるのは、「どうしたらいいかわからず、迷走している時間」だ。普段あまり意識しないが、これはすごく大きい。しかし、幅広い知識があればあるほど、迷走して袋小路に入ってしまうことが少なくなる。

②割り切る力、決断力

仕事の進捗を妨げるもう1つの大きな敵は、「いつまでも迷ってしまう」という優柔不断さだ。マジメな人ほど、こういう状態におちいりやすい。少しでも良い選択をすることは大事だが、判断のための熟慮がある一定以上の時間を超えると、時間をかけても、その選択が正解かどうかの確率はあまり変わらなくなってくる。よく調べてから判断しようと思って細かいリサーチなどに時間をかけすぎると、かえって判断のポイントがずれてきたりしてしまう。いちばん大切な本質を見失ってしまうのだ。

勇気を持って、ある程度のところでまずはどんどん「決めて」いく。これをできる決断力がとても大切だ。それには、「何かを捨てる」勇気が必要。可能性を残しておこうとしてすべてを大事にしすぎると、膨大な時間を消費することになる。**いらないものは思い切って捨て、大事なものだけに集中する姿勢は、仕事のスピードアップには欠かせない要素だ。**

「基礎的な力」を磨こう

この2つ以外にも、仕事のスピードを上げるための「基礎力」は数多く存在する。いずれにしても、本当の意味で仕事を速くするためには、それらの能力を上げていくしかない。

一見遠回りには見えるが、意識的に、そういう「基礎的な力」を磨いていく。これが、結局はスピードアップへのいちばんの近道なのだ。

まとめ

仕事のスピードを上げるためには、小手先のテクニックだけではダメ。クオリティもともなった「早い」仕事をするには、知識を増やし、決断力を磨くというような、自分の基礎的な能力を上げることが必要。

work

仕事のスピードを上げるため、本文の例のほかにどのような基礎力をつければよいと思うだろうか（例：ものごとを客観的に見る、洞察力を上げるなど）自分の場合に当てはめて、必要と思われる能力を書き出してみよう。

・スピードを上げる基礎力

（　　）

rule 05

ルーティンをバカにする人は成長しない

「ルーティン」は、その重要性を理解されず、軽視されることも多い。多くの人は「自分は、もっとクリエイティブなことに時間を使いたい」と思ってしまうのだろう。しかし実際には、優秀といわれる人ほど、自分だけのルーティンを大切にしているものだ。なぜなら、それはほかの人にはマネできない「自分だけのオリジナルの型」を確立するプロセスだから。

意外に思えるかもしれないが、**ルーティンを大切にする人ほど、確かなクリエイティブの力を持っている。しっかりとした自分の軸があるからこそ、より自由な発想をすることができ、新しい価値の創造が実現できるのだ。**

「守破離」という言葉を聞いたことがあるだろうか。古くより、茶道や武道を極める過程において、物事を学ぶ姿勢として受け継がれてきた言葉だ。ルーティンを大事にするという心は、この「守破離」の考え方に通じるところがある。

「守破離」とは

「守破離」の教えは、現代におけるビジネスの世界に置き換えると、おおむね次のように解釈できると思う。

〈守〉

まずは基本となる、教えられた「型」を徹底的に「守る」ところから修業が始まる。型とは、「汎用性の高いベストプラクティス」ともいえるかもしれない。オリジナルなものを発想しようとする前に、まずはこの型を繰り返し練習して、完全に自分のものにする。ルーティンで、基本的な動きを覚え込んでいくということだ。

〈破〉

修業と鍛錬を十分に積み、ある一定の型を身につけたあとは、ほかの人が持つ型などとも比較したうえで、自分が学んできた型を「破る」ことができる。「型を破る」とは、元からある型を単に守りつづけるだけではなく、そこに自分の創意工夫を加えていくということ。型をマスターしたからこそ、初めてそれに自分の味をつけ加えられるのである。

〈離〉

さらに鍛錬・修業を重ね、もともと学んだ型、自分で工夫して味つけした型、創り出した型、そしてほかの人の型などすべての型に精通してくると、それらの型に頼らなくとも、自分自身の発想やアイデアで自由に動けるようになる。型からの卒業ともいえるだろう。そうやって初めて型から「離れ」て、真のオリジナルを追求できるようになるのだ。

「守破離」をどう応用するか

「守破離」の考えを、「ルーティン」の話にまとめ直してみよう。まず守破離の「守」で、学んだルーティンを繰り返して覚え込む。そして「破」で、ルーティンに自分なりの創意工夫を加える。そして「離」で、ルーティンを超越し、自分の思うがままに動けるようになる。このように理解できるはずだ。

大切なのは、自分の思う通りに動くことができるのは、その基礎として十分に型（つまりルーティン）を習得した結果だということ。基本があるから、応用が効く。常識があるから、常識を超えたクリエイティブな発想ができる――そういうことだ。

「クリエイティブな仕事をしたい」と言って、基礎もなしに、いきなりオリジナリティを発揮しようとする人がいる。確かに伝説的な作家やアーティストなど、一部の天才たちは、そういう手法でも成功してきたのかもしれない。しかしそれはあくまで、彼らが類まれな才能を持つ「天才」だからだ。

われわれ普通の人間がそれをマネしたところで、誰もが認めるような素晴らしいオリジナリティあふれるものをすぐに作ることは難しい。まずは、ベースとなる蓄積が「少なすぎる」のだ。一方で、**これまで多くの人によって積み上げられてきた「基本的なもの」や「正統なもの」には、とても大きな、普遍的な価値が含まれている。**それらを無視し、基本から学ぼうとせず、いきなり新しいものを作ろうとしても、単に自分勝手な思い込みのものができるだけである。

「応用」をするためには、「基本」が必要だ。そしてその基本の中核をなすものが、ルーティンだ。繰り返し繰り返しやるから、体が覚え込む。回数を繰り返すから、ムダな動きが取れ、本当に大切な要素だけが残る。「質を生むためには量が必要」ということがいわれるが、その考えにも近い。ルーティンは、「効率良く量をこなすため」の、最適な方法だともいえる。

また、大切なのは、ルーティンを単に「単純な繰り返し作業」と見なしてはいけないということだ。ルーティンを嫌う人は、このような発想をしてしまっている。守破離の考えを学ぶと、そういう姿勢が間違っていることがわかるはずだ。**基本動作の繰り返しで、深い洞察、自己反省、仮説と検証を蓄積していく。**繰り返しの中で、少しでもクオリティを上げていく——そういう取り組み方が重要だ。

自分のクリエイティビティを磨き、本当にオリジナルなものを作り上げるためには、まずは徹底して基本動作、ルーティンを繰り返す。それが、結局はゴールへのいちばんの近道だということだ。

まとめ

ルーティンをおろそかにする人は、成長が遅い。まずは「基本」を徹底的に繰り返すことが、自分だけのオリジナルな軸を作り、クリエイティブな発想ができる力をもたらす。

work

自分が大切にしている、もしくはこれから大切にしていきたい、自分だけの「ルーティン」はあるだろうか？　明確に言語化してみよう。

・ルーティン①
（　　　　）

・ルーティン②
（　　　　）

・ルーティン③
（　　　　）

rule 06

「あたり前のこと」をやり切ることはすごい

成功した経営者や、世の中を変えるすごい人を見ると、「どんな特別な人生を送ってきたのだろう？」と思ってしまう。生まれつきの天才という人たちは、一部には存在するのだろう。しかし、そんな華々しい経歴やエピソードだけに目を奪われてしまうから、大切なことが見えなくなってしまう。それは、世の中のほとんどの「成功者」は、元々はごく普通の人たちであるということだ。1つ1つの行動だけをとって見れば、ごくあたり前の努力を続けているにすぎない。しかし、そのあたり前のことを「すべてやり切る」ことは、並大抵のことではないのだ。

たとえば、人間関係について基本的に大切なこと――「相手に敬意を払う」「悪口は言わない」「他者の気持ちを理解しようとする」「あいさつは自分から積極的に」「元気にふるまう」「定期的な連絡と情報共有を心がける」「相手の事情を考え、ムダな時間は取らせない」

「まずは自分からギブするつもりで」など、1つ1つを見れば、どれも特別なことではなく、やろうと思えば実行できそうなことばかりだ。

しかし、これらをすべて、どの人に対してもやり切るというのはとても難しいことだ。そして、他者から尊敬される成功者というのは、こういうことをしっかりとやってきた人が多い。もちろん、これらすべてを完璧にできる人などなかなかいないであろう。しかし、普通の人よりも高い水準でこれらの行動を続けることで、まわりから厚く信頼されるようになる。**「あたり前のこと」をすべてやりつづけることは、「普通ではない」ということだ。**

特別な才能などいらない

たとえば「将来起業して、世の中を変えたい」という思いを持っていたとしても、「自分は特別な人間ではないから」とあきらめてしまう人がいるかもしれない。実際、そういう人をたくさん見てきた。しかし、起業するのに、特別な人である必要などはない。むしろ、「特別すぎる」性格や才能が、起業を失敗に至らせるケースも非常に多いのだ。

巷の学生起業家などで、ものすごく才能にあふれた人というのはいる。IQも高く、強いカリスマ性を備え、ほかの人がとても考えつかないような発想を持っている。目指すビジョンも壮大だし、そのために周囲に大きな期待を抱かせる。

しかし、そういう人が長期的にも成功しているかというと、決してそうとは限らない。20年以上前、僕自身が学生時代のときにも、まわりに天才的な起業家というのはいた。しかしその多くの人たちは、今では名前も聞かなくなってしまった。どこで何をしているのか、わからなくなってしまった人たちも多い。

瞬間的に目立って「これからも成功しそう」と思わせることと、「実際に成功する」ことには、とても大きな乖離がある。特別な才能のある人が周囲を賑わせていると、確かにすごくは見える。しかしだからといって、長期的にまわりの人たちとうまくやっていけるとは限らない。むしろ、その「特別な才能」ゆえに、周囲と軋轢《あつれき》を生み、トラブルを起こしてしまうことも多いのだ。他人のことを考えず、自分の能力を過信し、すべて自分本位にふるまってしまった結果。そうやっていつの間にか消えていった「元・天才起業家」は数知れない。

「普通」を積み重ねると「普通でなくなる」

長期的に成功するためには、才能だけに頼るよりも、「あたり前のことをあたり前にや

りつづける」ことが大切だ。起業や会社経営に限らず、最も大切なものは他者からの信頼。これは、地道な、長い努力によってのみ少しずつつちかわれるものだ。そしてこれは、自分自身の「成長」についても同じ。日々勉強することを怠らず、決めたことを欠かさずにやりつづけることにより、長い年月をかけて着実に学び、積み上げる。

逆に、これができない人は、途中で息切れしてしまう。いくら才能があろうとも、生まれ持った才能だけで一生逃げ切ることはとても難しい。昔は輝いていたのに、年齢を重ねるにつれてその輝きを失っていく人は多い。自分の才能に慢心し、地道な努力を怠ってしまった結果だ。

何事かを成し遂げたいと思ったとき、特別な才能などいらない。あたり前のことをあたり前に続けていく、そのことこそが最も重要だ。決して、すべてを完璧にやる必要はない。できる限りの多くの「普通のこと」を、地道な努力によってやりつづける。その積み重ねが、長い目で見たときに「普通ではない」レベルの人生を作り上げるのだ。

まとめ

「あたり前のこと」は、1つ1つを見れば簡単だが、すべてをやりつづけるのは並大抵のことではない。それをやり切る人が、普通ではないレベルの大きな成果を残すことができる。

work

自分として大切にしたい「あたり前のこと」を、言語化して定義しよう。これだけは、何があってもやりつづけるというつもりで。

・あたり前のこと①
（　　　　　　　　）

・あたり前のこと②
（　　　　　　　　）

・あたり前のこと③
（　　　　　　　　）

rule 07

努力をするなら「正しく努力」することが大事

努力をしても報われなかった、そういう経験はないだろうか？　でもそれを繰り返して、「努力をしてもムダだ」などと極端な考えに走ることは怖い。努力とひと言でいっても、何を指すかは人によって千差万別だ。その「努力」が効果的で正しいものだったのかどうか？　中身としっかりと向き合うことが大切なはず。

正しい努力は結果が出るが、そうでない努力はムダになる。「質よりもまずは量を追うことが大事」という言葉があるが、これは、「単に量だけを追えばいい」という単純な意味ではないはず。「とにかく黙って努力さえすれば、いずれは報われる」という考えは、体育会的な根性論、もしくは職人的な古い世界の、悪い部分だけを引きずっているように見える。監督に言われれば、言われただけ無茶な数をこなす。親方に命じられるままに、何年も同じ単純作業だけを繰り返す。そうやって自分では何も考えず盲目的に量だけこなしても、残るのは自己満足だけということになりかねない。

時間は貴重だ。だからその時間を最大限効率的に使うため、いつも自分で考えて工夫をこらすべきだ。**同じ努力をするなら、頭を使って、成長のための最短ルートを走れるよう、質の高い努力をするべきなのだ。**それを怠り、単に数を重ねて、「努力したのに報われない」などと考えてしまうのは、自分で考えることを放棄した結果の「甘え」と言われても仕方がない。

プロセスVS.結果

「結果ではなく、プロセスにも価値があるかどうか」という議論がある。マネジメントにおいて、メンバーを評価する際にどういうポイントを見るか？　この議論に関しては人によって意見が分かれることが多く、いつも興味深い。この場合の「プロセス」は、「いかに努力をしたか？」という意味合いに重なることが多い。

これに関する正しい答えは、**「意味のあるプロセスには価値があるが、意味のないプロセスにはまったく価値がない」**だと個人的には思っている。意味があるかどうかは、プロセスや努力が、きちんと考えられたものであったかどうかということ。「プロセスを評価してほしい」と自分で申告してくるような人は、経験上、最大限まで工夫をしてないケースが多い。プロセスのためのプロセス、努力のための努力だけに終始したから、結果が出なかったのだともいえる。

逆に、「結果が出ませんでした」と心底悔しがる人のほうが、工夫された、良いプロセスを重ねている場合が多い。そういう人は、そう遠くない将来、素晴らしい結果を出すことになるだろう。結果にこだわったからこそ、途中のプロセスが磨かれているのだ。そしてそのプロセスが成功の再現性を生み、「いつも成果を出す人」になる。正しい努力を続けているからこそ、本当の意味での「実力」が着実に備わりつつあるのだ。

努力を「継続」させること

正しい努力を「続ける」ためには、自分なりに仕組み化して工夫することが大切だ。努力は、意志だけではなかなか続かないもの。「意志でやりとげる」と聞くと美しいが、単にやる気だけで続けるのは並大抵なことではない。根性論だと計画性にも欠けるので、「ひたすら量だけを繰り返す」という、誤った方向の努力にもなりがちだ。

どうすれば、安定的に努力を継続できるのか？　過去の失敗も活かし、1つ1つの工程のレベルを上げるにはどうすればいいのか？　それらのことをしっかり踏まえて、理想的な仕組みを作っていかなければならない。「仕組み化」というと、地味で機械的なイメージを持ち敬遠してしまう人がいるが、仕組み化は、本来はとてもクリエイティブな工程なはず。その人のオリジナリティが、存分に発揮される取り組みだ。

努力を「継続」、かつ「着実にレベルを上げる」ことを繰り返していくと、間違いなく順調に成長し、自分の価値を上げることができる。努力の仕組みを作るということは、自分が安心して登っていけるような、堅牢な「階段」を構築するイメージだ。努力が継続しないのは、「仕組みの階段」が途中で終わってしまっているため。レベルが上がらないムダな努力になるのは、「仕組みの階段」が上へとつながっておらず、単に平坦な道になってしまっているため。

長く続き、かつ、確実に上昇していける階段を構築することが仕組み化であり、それがあるからこそ、永続的で、意味のある良い努力を続けられるのだ。

まとめ

努力といっても、何も考えない量だけの繰り返しではなく、意味のある正しい努力が必要。努力の質を上げ、継続させるためには、自分オリジナルの「努力の仕組み化」をすべき。

work

自分なりの努力の仕組みはあるだろうか？　どんな単調なことでもいいので、努力の質を高め、継続させるための、自分なりの仕組みを考えてみよう。

・**自分なりの努力のための仕組み**（たとえば、数値を管理する、結果を記録する、人に宣言する、自分へのインセンティブ……など）

（　　　　　　）

rule 08

課題の「浅い」解決に終始せず、本質を見よう

人間は、どうしてもラクをしたがる性質を持っている。しかしこれは、「あなたは怠惰な人だ」と責められるべきという話ではない。正確に言うと、「人間の脳は、できるだけラクをしようとする性質を持つ」ということ。特に、脳が使えるエネルギーが少ない状況だと、脳はできるだけムダな労力を省き、ラクして仕事をしようとする。これは、人類の歴史の中で、脳が選んできた生存戦略の一環だともいえる。

労力を使わずに省エネで問題を処理するためには、「問題について深く考察せず、手っ取り早い解決策を採用する」ことになる。問題の根本的な解決はされてないが、少なくとも、応急処置くらいはできたように見える。人間の特性として、大きい問題に深く長く取り組むよりも、小さくとも多数の問題を解決するほうが喜びを得やすい。

しかしながら、根本的な解決にはなっていない応急処置で終わらせると、長期的には逆に問題を悪化させてしまうこともある。誰しも、問題に絆創膏《ばんそうこう》を貼りつづけてきた結果、

根本的な部分は解決されないままずっと残ってしまったという苦い経験があるだろう。

だからこそ普段から意識して、課題に対して「とりあえず処置した」だけに終わらせない姿勢が大切だ。そのためには、問題の本質をきちんと理解し、それを根本的に解決しようとする強い意志を持つこと。簡単なことではないが、**真剣に問題に向き合うことが、結果的にはすべての問題を早く解決することにつながる。将来につながる禍根を、早い段階で断ち切ってしまうのだ。**それこそが、優秀な人に共通するアプローチだといえる。

このような行動を習慣として身につけるには、次のような意識が大切だ。

できるだけ1次情報にあたるようにする

問題の背景となる「事実」をしっかり把握できていないと、問題を間違って捉える可能性がある。他者からの報告や、単なる伝聞情報だけでは、問題の本質を理解することが困難な場合があるのだ。スプレッドシートに並んだ数字を眺めていると問題を分析している気になりやすいが、それは決して本質ではなく、単なる「データ」であることを忘れてはならない。

また、人からの報告や、ネットに書かれたような情報は、結局はほかの人によるフィルターを通したものだ。どこを省略してどこに重点を置いたかは書いた本人次第だし、個人的な、大きなバイアスがかかっている場合も多い。情報が文字になると「客観的で正しい情報」に見えたりするものだが、それはもちろんまやかしだ。他人がまとめたものを「事実を正確に反映している」と思い込まないほうがいい。

人からの情報や、まとめられたデータも貴重な判断材料の1つではあるが、それらすべてを鵜呑みにせず、あくまで、自分自身の目で事実を確かめようとする姿勢が重要だ。真実がわからなければ、問題の根本的な解決のしようがない。問題のありのままの姿を見ようとすることが、その解決への基本的な第一歩だ。

問題を「適切な観点」で切り取る

ある大きな問題があったとして、その中のどこが「最も根本的な問題」なのかを見極めることが重要だ。問題への洞察が甘いと、表面的な現象を、根本的な問題だと取り違えてしまう。その結果、現象だけを解決し、問題全体が解決したと思い込んでしまうのだ。そのようなアプローチは、結果として問題の根本的な解決を遅らせてしまう。

だから、常に**「本当の問題」と、「問題から発生する、さまざまな事象」は分けて考え**

るべきだ。大きな複雑な問題に見えるものでも、突き詰めていけば、根本的な問題はたった1つ、もしくは2〜3個くらいだったりするもの。その「真の問題」を見極める力を養うことが大切だ。

「なぜ?」の問いで深堀りする

1つの仮説に行き着く前に、「なぜ?」と何度も問いかけることは、お手軽な結論に飛躍するのを防ぐのに有効だ。何度も問いかけることで、問題と真剣に向き合わざるを得なくなり、根本的な問題へとたどり着きやすくなる。単なる「思いつき」ではなく、問題を正しく吟味することにより、浅い対処ではなく、抜本的な解決が可能になるのだ。

この、「なぜ?」を繰り返す作業は簡単なものではない。人は、真実に至る「ひらめき」のようなものがあったとき、それをそのまま信じたくなるものだ。しかし、そういう安易な態度にこそ、問題を長引かせるワナが隠されている。**そのひらめきは、本当に正しいのか、単なる思い違いである可能性はないか。あくまで自分に厳しく「なぜ?」と繰り返す必要がある。**

これらの姿勢を持ってこそ、本当の意味での問題の解決力が高まる。

まとめ

問題を根本的に解決するためには、①できるだけ1次情報にあたり、②問題を適切な観点で切り取り、③「なぜ？」という問いで深めることが大切。浅い対処だと、逆に問題を長引かせてしまう。

work

今抱えている問題を1つ取り上げ、アプローチを見直す練習をしてみよう。

・今抱えている問題

（　　　）

・1次情報を確認する（どこにあたれば、正確な状況を把握できるか？）

（　　　）

・根本の原因になっていると思われるいちばんの問題を切り取ってみる

（　　　）

・その根本の原因に対し、「なぜ？」という疑問を繰り返してみる

（　　　）

rule 09

課題と向き合うには「分割」、そして「集中」が重要

どんなに普段からきちんと計画ができていたとしても、仕事のじゃまをしてくる障害物は必ずどこかからやって来る。そのときは、通常運転モードからギアを入れ替え、その解決に力を注ぎ込まねばならない。それこそが、自分の真の価値を発揮できる場面だからだ。簡単すぎる仕事やルーティンのみで完了する仕事は、ラクではあるかもしれないけれど、まったく「面白くない」のだ。次々と現れる課題を解決していくことこそ、仕事の醍醐味だと言える。「やっかいな課題は、自分を成長させる格好の材料になる」——そう考えて、課題に真正面から向き合うことが大切だ。

でも、本当に難しいと感じる課題とぶつかってしまった場合、いったいそれにどのように立ち向かえばいいのか？　あまり深く考えず、ただやみくもに手を出してみるだけでは、いつまでたっても難しい課題は解決できない。しかし予期せぬ課題が発生してしまったと

きは、多くの人がそんなやり方におちいってしまうので注意が必要だ。行きあたりばったりに動くのではなく、大切なのは、まず第一に**「大きな課題のかたまりを解きほぐし、小さい要素に分割する」**こと。そして第二に**「その中で、真の問題は何かを定義すること」**だ。

これは具体的にはどういうことなのか、順に見ていこう。

大きなかたまりを解きほぐし、分割する

まず最初にすべきことは、とても込み入っているように見える問題を、できるだけ、より小さな「要素」へと分割していくことだ。1つの大きな問題に対し、漠然と立ち向かって対処するだけでは解決は難しい。1つの問題箇所に取り組んでいるうちに、別の問題も発見し、あれもこれもと同時に対処しようとするから、だんだんと収集がつかなくなってくる。そして、「あれっ、今自分は何をやってるんだっけ？」と、カオスの中で埋もれて迷子になってしまうことになる。

だからまずは、1つの問題を、できるだけ小さな「要素」に分けていく作業から始めることが重要。

たとえば、「自社サービスへの会員登録数が増えない」という大きな課題があるとき、その課題を構成するそれぞれの要素を考えてみる。切り分け方はいろいろあるが、一例として、「マーケティング施策」「料金設定」「ブランドのイメージ」「ベースの認知度」「Webサイトの使い勝手」「サービス自体の魅力」「競合の強さ」などに分ける方法があるだろう。やろうと思えばもっと細かく分割できるが、あまり細かくすると全体が見えにくくなってしまうので、適切な大きさにするのがコツだ。これは、繰り返しやってるうちに徐々に慣れてくる。

「真の問題は何か？」を見極める

そして、大きな課題を個々の要素に分解したあとに、それらの中で本当にボトルネックになっている箇所、つまり「真の問題」を探りあてる作業を始めるのだ。真の問題は、1つの場合もあるし、複数の問題が同時に存在する場合もある。しかし、解決すべき課題の中身がどんなに問題だらけに見えたとしても、普通はその中で本当に大切なポイントは1つか、どれだけ多くとも2〜3個程度だ。

だから**大切なのは、分割された個々の問題の「優先順位」**ということ。この優先順位をきちんと見極めずに、「とりあえず、できる策は全部打とう」とやみくもに課題全体にアプローチしてしまうから、どの部分に対するどの施策が効いたのかもわからず、全体の解決にムダな時間を費やしてしまうことになる。

だから、**常に優先順位の高い問題を正確に見極め、重要な問題から解決していくことが大切。**全体の中で問題として大きな要因を占めている箇所を見つけ、まずはそれをクリアにすることに集中する。そうすることにより、ムダな時間をかけることなく、ロジカルかつ効率的に課題全体を解決することができる。

先に挙げた「自社サービスへ登録する会員数が増えない」というケースの場合、いちばんのボトルネックが、「Ｗｅｂサイトの使い勝手」だったとしたらどうだろう？　その場合、そこに手をつけず、「サービス認知向上」とか「ブランドイメージのアップ」などに取り組んでみても、それらは的外れな努力になってしまう。このように、「とにかく全部やってみる」という姿勢だと、仕事のムダやリソースのロスが生じてしまう。だから、どんな予期せぬ課題にぶつかったとしても、まずは冷静にその課題を「小さな要素」に切り分け、それぞれの優先順位を見極め、集中して順に攻略していくことがとても大切なのだ。

まとめ

大きな課題を解決するには、「とにかくすべてをやってみる」という精神論的なやり方ではなく、「小さな要素」に分割し、優先順位をつけ、優先度の高い問題から順にクリアしていくという姿勢が重要。

work

今自分が抱えている課題を、小さな要素に分割するとしたらどうなるだろうか？　また、その中で「優先順位の高く思える要素」を選び、具体的な解決案を考えてみよう。

・課題

（　　　　　　　　）

・その中で特に重要な要素は？

（　　　　　　　　）

・その要素を解決するには？

（　　　　　　　　）

rule 10

「やるか／やらないか」で迷わない

本書を読んでいただけるような人は、とてもマジメな人が多いと思う。だからこそ、「やる」と言ったことは本当にやる努力をするし、何よりも中途半端になってしまうことを嫌う。しかし、その「マジメさ」が、人生の選択の幅を狭めてしまっていることもある。むしろ、ある程度適当な人のほうが、人生の中で多くの選択肢を得て、その結果大きなチャンスをつかむことも多かったりする。それは、なぜだろうか？

「最後までやる」必要なんてない

「適当な人」の方がチャンスをつかみやすいのは、「より多くの打席に立てる」からだ。何をやるにしても、その方向性が正しいとか、それが正解かどうかなんて初めは誰にもわかりはしない。でもマジメな人は、入り口の段階で深く考え込んでしまう。「本当に、これは自分がやるべきことだろうか？　果たして最後まで続くだろうか？」と。一度やると決めたことを途中で投げ出してしまうのは恥ずべきことであり、「悪」であると教えられてきたから、このようにマジメに考えすぎてしまう。

しかし、社会は学校ではない。やりはじめたことを途中で投げ出したって、それをたしなめるような先生はいないし、通信簿に書かれることもない。もしかして、やたらと細かい知人に「飽きたの？」とかバカにされたりすることはあるかもしれないが、そんなのは無視すればいい。

とにかく、まずは「数をこなすこと」が大切。ある機会に出合ったとして、少しでも実際にその世界に入って経験してみないと、その機会が自分にとって本当に有用かどうかなんて誰にもわからないのだから。だから、**まずはとにかくやってみて、一定時間のあとで判断する**のが最も確かな方法といえる。そのほうがはるかに合理的だ。

チャレンジすることに慎重すぎると、結局「やるか／やらないか」を考えてばかりで、自分にとって本当に貴重なチャンスをみすみす見逃すことになる。そういう姿勢で、これまでに大きなチャンスを逃してきた人はとても多いのではないだろうか。もしかしたら過去の自分にも、1つや2つ思い当たるフシはないだろうか？

「少しだけでもやってみた」経験が、未来への大きな資産となる

マジメな人が嫌うのは、「途中で投げ出す」ことによる自分に対する不甲斐なさ以外に、「間違った道を選択してしまうことにより、それに費やした時間がムダになる」ことだ。貴重な自分の時間を1分1秒もムダにしたくない――そういう考えから、ついつい慎重になりすぎてしまう。

しかしながら、**目の前に飛び込んできたチャンスに乗り、「まずはそれを体験してみる」ということ自体が人生の中でもとても有用な時間となる。**その貴重なチャンスを逃してしまうと、もしかしてもう一生その世界は経験できないかもしれない。だからこそ、自分にそれが経験できるという機会が与えられたこと自体が、すごく貴重なことなのだ。

そしてもう1つ大切なことは、ある分野のことについて「少しだけでも知っている」ということは、仕事をするうえでものすごく有益だということ。

たとえば、手がけているプロジェクトの中で新しくＷｅｂサイトを作る必要性が生じたとしよう。そのとき、自分がＷｅｂクリエイティブに関してまったく無知なのと、少しだけでもなんらかの知見がある状態とでは、仕事を効果的に進めていくうえで天と地ほどの

違いがある。

自分1人だけでWebサイトをすべて構築できる必要なんてない。世の中にはたくさんの専門分野があり、自分1人でできることなんて本当に限られている。しかし、「少しでも」ある分野についての知見があると、「どのポイントが大切か」というのが見通せるし、おおまかな費用感も想像がつくし、誰に何を頼めばいいか、という勘所も持てる。

このような、**いろいろな分野に関する「引き出し」を多く持っていることは、これからの変化が多い社会においてはとても重要な価値となる。**「1つの専門領域のことしか知りません」というのではなく、これまでに得た幅広い知見と経験を組み合わせ、自分だけのユニークな価値を出すことが求められているのだ。

だからこそ、多くのことを（たとえ少しでも）経験してきた人はとても強い。途中で投げ出そうが、あとからほかのことに興味が移ろうが、まずは「やってみる」。この姿勢こそ、極めて大切だ。マジメに考えすぎず、とにかくチャンスがきたら飛び込んでみよう。そのあとどうするかは、それから考えればいいのだ。

まとめ

「やるか／やらないか」で迷っている時間がもったいない。チャンスは積極的に取りに行き、まずは経験してみる。1つ1つは浅くても、多様な経験こそが、自分だけのユニークな価値となる。

work

これまで、「逃してしまった」大きなチャンスは思い当たるだろうか？もしあれば書き出してみて、今後の教訓にしよう。

・「逃してしまった」大きなチャンス（　　　）

これから、「こんな機会が欲しい」という希望はあるだろうか？　書き出してみて、それに近いチャンスがあればすぐに飛びつけるよう、心の準備をしておこう。

・これから欲しい機会

（　　　）

rule 11

決断はゴールではなく、あくまでスタート地点

決断する力、そして決断するスピードは、ビジネスでも最上位に位置づけられるくらい重要な能力だ。決断のスピードが遅いと、いくらその判断自体が正確で正しいものだったとしても、時すでに遅しということになりかねない。もしもベストなタイミングを逃したり、ライバルに先を越されたりしてしまうと、せっかくの決断もほとんど意味がないものになることさえある。

特にリーダーという立場にあるのなら、決断の速さはメンバーからの信頼に直結する。いつまでたっても判断できず、優柔不断な態度ばかり見せていると、いずれチームメンバーから「あの人はダメだ」と見切られてしまうかもしれない。

たとえば、日本企業が、海外進出の際に「決断が遅い」と現地パートナーから不満を持たれてしまうケースが多いが、これも、相手から信頼を失う大きな原因だ。会社としてリーダーシップが欠如しており、組むに値しない相手と思われてしまうのだ。日本企業が海外

進出をしようとする際の課題の代表的なものが、この「決断の遅さによるチャンスの喪失」だ。

失敗のない、完璧な判断をしようとするから遅くなる

決断の遅い人や組織に共通する特徴は、いつも「完璧な」判断を目指してしまうこと。判断を誤ることは致命的で、何よりも恥だと考えてしまう思考の形式だ。だから、失敗して外部から批判されないように十分すぎるほどの検討を加え、そして最後に「いちばん安全」と思える決断を下す。決断を出す速さについては考慮することなく、とにかく「いかに失敗しなかったか」だけを気にする。こんな風に考えてしまうから、いつも決断が遅くなってしまうのだ。

なぜ、完璧な決断を求めてしまうのだろうか？　それは、「決断してしまったらそれが最後」と考えてしまうからだ。決断を、ある種のゴールとして捉えてしまっている。だから失敗は許されないと考え、ムダに熟考を重ねすぎて、最終判断に至るまでの時間がかかりすぎるのだ。

そうではなく、**決断は「あくまでスタート地点にしかすぎない」という思考が大切だ。**仮でもいいから、まずは方向だけでも決める。そこから、走りながらさらに考える。もし

間違っていたことがわかったら、その時点で修正すればいい。場合によっては、そもそもの最初の決断を変更し、別のまったく新しい方針を立て直してもいい。決断をあとから変更することは、恥でもなんでもないのだ。むしろ、ものごとに対して柔軟に、臨機応変に対応できているという証拠だ。

できるだけ軽く、小さく始めてみる努力

このやり方を可能にするのは、仕事やプロジェクトをできるだけ細分化し、まずは軽く、小さく始めてみるという思考法だ。大きな決断をしようとすればするほど、一度決断したことをあとから修正しづらくなる。だから「一か八かの大博打」ということになりがちだ。大切なのはできるだけ、そうならないための、身軽で柔軟な進め方を試してみることだ。

たとえば、「社運を賭けた一大プロジェクト」でも、プロセスをできるだけ細分化してリスクを最小化する努力は可能だ。往々にしてやってしまう失敗は、合議に合議を重ねたうえの最終決断の結果として、あと戻りできない進め方をすること。だからいきなり大きな設備投資をし、マーケティング費用をかけ、「これだけ予算をかけたのだからもう失敗できない」という状況に追いやられてしまう。大きくて重い決断に時間をかけすぎた結果、

自らの首を絞めることになるのだ。

そうではなく、**最初は小さなフィジビリティ・スタディ（実行可能性調査）をどんどん回すのがかしこいやり方だ。**検討に長い時間をかける必要はない。まずは小さくやってみて、データを集め、それを元にあとから改善をしていけばいいのだ。失敗して大きな金銭的・時間的損失をこうむる可能性も考えると、そのほうがトータルとしてはるかに速く効率的にプロジェクトを進めることができる。

そしてこの考え方は、個人レベルの仕事の進め方、そしてキャリアの構築に関しても同じだ。できるだけ、「あと戻りできないような大きな決断」は避ける。そして、プロセスを細分化し、「まずは軽くやってみる」やり方を工夫してみるのだ。そうすれば、決断にムダに時間をかける必要もなくなる。まずは「仮で決めてから走り出す」。それを徹底することこそが成功の秘訣だ。

決断はゴールではなく、あくまでスタート。そう考えれば、予測できないことを考えるためにムダに時間を使わずに済むし、仕事の精度や効率も上げることができる。これから、世の中はさらに予測不能になっていく。その中では「決断はスタート」という考えはますます重要になるはずだ。

まとめ

仕事はできるだけ小さなプロセスに分解し、軽く、速くサイクルを回すことを重視する。決断はゴールではなく、あくまでスタートにすぎないと考える。

work

今手がけている仕事を、「もっと細かいプロセスに分けられないか?」を考えてみる。そうすることにより、早めに仮説を立てられそうなポイントを見つけよう。

・今の仕事で、より細かいプロセスに切り分けられること

(　　　　)

・そうすることにより、早めに仮説を立てられそうなポイント

(　　　　)

rule 12

「忍耐力」が、仕事のクオリティとスピードを上げる

仕事をするうえにおいて、「スピード」はとても重要だ。しかし、近年の社会ではあまりにも「スピード至上主義」が行きすぎた結果、全体として「忍耐力」が低下してしまった組織も多い。みんな、じっくりガマンすることができなくなっているのだ。あまりにスピードだけを求めすぎると、「ガマンすること」自体が悪だと見なされる。そうやって極端に振れてしまうと、逆に、仕事や個人の成長についてマイナスの要素も出て来るのだ。

スピードをあまりにも重視しすぎる姿勢は、変化が早く不確実性の高い環境では、仕事の進捗に逆効果に働く。コロナウイルスによるロックダウン期間中に行なわれた米国の調査では、リーダーがもっと「忍耐強く」仕事やマネジメントに取り組めば、メンバーの創造力、生産性、そしてチームワークが高まることが明らかになった。これは、とても興味深い調査結果だ。

そもそも、**優れたリーダーシップを発揮するには、「忍耐力」は必須のスキル**のはずだ。

危機の時代においては、特にそうだといえる。仕事で壁にぶつかったときに冷静さを保てなければ、まわりのメンバーは安心して仕事をすることができない。リーダーは、チームメンバーがストレスにさらされていると感じた場合、一緒になっていら立つのではなく、メンバーの精神的なサポートをしなければならないはずだ。

忍耐力を向上させるには

ある課題に対して何か新しい策を講じたとき、十分な結果が出るまでに長い時間がかかることがある。しかし、それを待つための忍耐力がない、あるいはガマンの仕方がわからないという人が増えてきている。普段から「すぐに効果の見える」解決策ばかりを求めているため、本格的な施策により抜本的に改善するプロセスを待てなくなってしまっているのだ。そしてこの傾向は、とにかくなんでも「早ければ早いほど良い」と評価されるような、ITやスタートアップの世界ではますます拍車がかかっている。

では、忍耐力を鍛えるにはいったいどうしたらいいのだろう？　まずは、**「忍耐力が最も必要な状況」をあらかじめ把握しておく**ことが大切だ。問題が起きそうだとわかれば、いつもよりも、意識して冷静さを保つ努力ができる。以下に、いくつかのやり方をシェアしよう。

「スピード」についての考え方を変えてみる

まずは、「じっくりと取り組めば仕事は順調に進む。順調に進めば、仕事は早く終わる」という基本的な真理を、改めて認識し直すこと。特に迅速さを求められるミッションにおいては、一見すると逆説的なようだけれど、きっちり順序を踏み、確実に進めていくことが全体を早く終わらせることにつながる。

あわてずに確実に各タスクを進めれば、ミスや手戻りが減り、結果的に仕事は早く終わるということ。これは、多くの人に経験があると思う。いくら見た目のスピードだけを上げてもダメで、「実質的な成果の達成」を早めるという意識が必要なのだ。

短期的な成果にしか注意が向けられない組織では、往々にして「いかに打ち手の数とスピードを追っているか」だけを評価されてしまう。そうなるといきおい、1つ1つの策は粗くなる。最終的なクオリティが低くなるし、やり直しのために、かえってよけいな時間がかかってしまうこともある。**今やっていることのゴールをきちんと考えたうえで、作業だけを速めるのではなく、「全体の達成」を早めることに注力するのだ。**これを徹底するには、リーダーにも、チームメンバーにも、適切な忍耐力が必要とされる。

「感謝」が忍耐力を強くする

また、「誰かに感謝する気持ち」は、精神状態や行動に大きな影響を与える。たとえば、感謝の気持ちを人に伝えたり伝えられたりすると、まわりに対してより寛大になり、溜まっていたストレスも減らすという効果がある。このことが、忍耐力をアップさせることにもつながるのだ。

心理学では、感謝の気持ちが強いときほど、「いずれ得られる大きな報酬のために目の前の小さな報酬をガマンする」という心を持ちやすいとされる。つまり、「忍耐力が増す」ということだ。ギスギスした環境になればなるほど、人はガマンができなくなってしまう。より「気持ち良く働ける」環境を作ることが、そこで働くメンバーの忍耐力の向上につながるのだ。

「スピードを上げる」ことは、単に「せっかち」になることを意味しない。しかし、多くの人がこれを誤解している。**自分の気持ちを整え、忍耐強く、冷静に、仕事にじっくり取り組むことが、結果として仕事全体のスピードを上げ、質を高めることにつながる。**まずは自分の忍耐力を鍛えること、それこそが大切だ。

まとめ

「見た目のスピード」ではなく、仕事の本質的なスピード、そしてクオリティを上げるには「忍耐力」がキーになる。自分の忍耐力を上げるためには、意識して努力することが必要。

work

自分の忍耐力を、1（弱い）から5（強い）で評価すると、客観的に見たスコアはどれくらいだろうか？　また、忍耐力を上げるため、普段からどのような意識を持てば良いと思うかを書き出してみよう。

・**忍耐力のスコア**

（　　　　）

・**上げるための意識**

（　　　　）

rule 13

ズルをしないことが、結局はいちばんの得になる

人間は弱いものなので、つい「ラクをしたい」「ズルをしたい」という欲求に負けてしまいそうになる。人が見ていないところだと、「ちょっとくらい良いかな」と、自分の中の悪魔がささやくのだ。ズルをすると、通常よりも少ない労力で大きな利益が得られるから、ついそういう手段を選んでしまう人もいる。

しかし、本当にそれはお得な結果だといえるのだろうか？　自分ではそうやって瞬間的に利益を得たつもりでも、長い目で見れば、人生の中では大損になる結果も招いてしまう。目先の得ばかり考えて不義理を働いている人で、トータルとしての人生が幸せな人はあまりいないはずだ。自分はどのように生きるのか、よくよく考えて行動しなければならない。

人の幸せを決定づけるのは、物質的に満足することではなく、精神的に満足な人生を送れるかどうかだ。いくら物質的な利益だけが得られても、心の底から幸せになれない人が

多いのはこのため。ズルをして得をするのは、あくまで物質的な側面に限られる。逆に、そうやってズルをすればするほど、皮肉にも精神的には満たされなくなっていくものだ。

「一時的な得」が「一生の損」に、「一時的な損」が「一生の得」に

たとえば、チームメンバー10人で、力を合わせてやるべき仕事があったとする。労力だけを考えた場合、いちばん「得」なのは、自分はできるだけサボり、ほかの9人に仕事を振ってしまうやり方だ。うまくいけば、自分自身はほとんど時間や労力を使うことなく、残りのメンバーの働きによって仕事は完成させられる。これが「出すものは少なく得るものは多い」という物質的な意味では最大限に効率的なやり方だろう。実際に、どこの組織にも、こういうことばかりを考えている人は存在する。

しかし、その人は、本当に得をしているといえるだろうか？　そういうズルい行動ばかりを繰り返していると、まわりからはまったく信頼されなくなってしまう。たとえ面と向かっては言われなくとも、「この人とは一緒に仕事したくないな」と思われることだろう。だから、その人がもし困った状況になったとしても、誰も手を貸そうとはしない。そうなってしまうのはあたり前だといえる。ズルをする人は、いつしかそうやって孤立を深め、結

局は大きな「損」を積み重ねていくのだ。

逆に、惜しみなく働くことをいとわず、いつも率先して仕事を引き受けるような人はどうか？　みずから大きな労力を提供した割に、チームとしての成果は変わらないとすると、短期的には「損をしている」と見えるかもしれない。しかし、**率先して動けば動くほど自分の経験は増えるし、何より仲間からの大きな信頼を獲得することができる。**そうなれば、もし自分が困ったときには、多くの人が助けてくれようとするだろう。だからそういう人は、精神的な、そして本当の意味での「幸せ」を得ることができる。つまり、長い目で見ればとても「得」ということなのだ。

まわりの人に積極的に貢献し、感謝される。そして今度は、まわりの人から助けてもらい、感謝を返す――その繰り返しによって、人は本当の幸せを得られるもの。逆に、その場限りの損得計算だけで動く人は、長い目で見たときにはいちばん損をする生き方をすることになる。短期的な損得計算が、皮肉なことに、「トータルでは大損」という結果を招くのだ。これは、悲劇というほかない。

ズルをすることで自分自身を信頼する心を損なう

自分の人生をどう生きるかは、とても大切な問題だ。目先の物質的な利益や損得だけを考えるほどに、最終的なゴールを見失ってしまう。ズルをすると、瞬間的にはラクに利益を得られるように思えるけれど、それはあくまで上辺だけの、はかないものだ。他者の目をバカにしてはいけない。ズルをする人は、自分の行ないはバレないと思っているものだが、多くの場合で他者に勘づかれてしまっている。そしてその結果、「長期的な信用」という、いちばん大切なものを失ってしまうのだ。

そして何より、**ズルをすることは、自分自身を欺くことになるのが重大な問題だ。人からの信頼を損なうと同時に、自分自身を信頼する心を損なってしまうのだ。**ズルをすることが常習化すると、自身への誇りを持てなくなり、自分という人間を承認できなくなってしまう。その結果、残念なことに、とてもつまらない人生を送ることになる。

ズルをすることは、決して自分の得にはならない。そのことを忘れずに、日々の行動を選んでいくべきだ。

まとめ

ズルをすると、目先の利益が得られるようにも思えるが、長期的に見ると、まわりの人からの信頼を失い、自分への自信を失い、トータルでは大きなマイナスとなる。結局はズルをしないことがいちばんの得。

work

人から「ズルい」と思われるような行動をしていないかを振り返ってみよう。気をつけるべき行動を書き出してみて、今後のふるまいに注意しよう。

・気をつけるべき行動①
（　　　）
・気をつけるべき行動②
（　　　）
・気をつけるべき行動③
（　　　）

rule 14

環境が自分を作る。だから、環境選びには妥協しないこと

自分が生きていく環境を選ぶことを、軽く見てはいけない。たとえ、「自分は環境などに左右されず、独自の道を行くことができる」という自信を持っていたとしてもだ。人間は社会的な動物だから、周囲とのコミュニケーションなしには生きていけない。そして、**他者との日々のやりとりは、知らず知らずのうちに自分の精神に多大な影響を与えているのだ。まわりの環境が1人の人間に及ぼす力は、かなり大きいと思っておいたほうがいい。**

ある1つの会社を思い浮かべたとき、そこに属する社員みんなの思考パターンが似通っていると感じたことはないだろうか？　思考どころか、服装や雰囲気などの見た目すら似ていることもある。これは、もともと似通った人が同じ会社に入社するという「先天的」な要因もあるが、会社に入ったあとの「後天的」な要素も大きい。入社前はさまざまな環境にいた人たちが、1つの組織に長期間にわたって所属しているうちに、みんなその組織の持つカルチャーにどっぷり染まってしまうということだ。

重厚長大な業界、それも斜陽産業にあるような会社に属する会社員は、保守的で、慎重な行動をとる人が多い。スピードや挑戦より、常に「規律」や「ミスがないこと」を重視する。逆に、営業力を売りにするようなベンチャー企業の社員には、大胆な人が多い。常にスピード重視で失敗も恐れず、悪く言うと「ラフ」な仕事ぶりなこともある。中には、「ヤンキー文化」のようなカルチャーを持つ会社さえある。そういう会社の社員は、服装も仕草もみな一様にヤンキーっぽい。斜陽産業の大企業に勤める会社員とは、まさに正反対だ。

自分のまわりにある環境が自分を作る。だから、自分が入る会社は、「自分がなりたい姿」の人が多いところが望ましい。今の職場には、自分のロールモデルになる人、尊敬できるような人は多いだろうか？　もし今、自分が嫌いなタイプの人びとが多い環境にいるとすれば、すでに無意識のうちに、彼らと同じような人間に近づきつつあるかもしれないのだ。これは非常に怖いことだ。

今の環境と自分の姿を確認してみる

では、適切な環境を選ぶためにはどうすればいいのだろうか？　まずは、今置かれている環境に改めて着目してみよう。自分の置かれた環境が、「客観的に見て」どのような場所かということだ。それは、世間一般から見て、高いレベルの人たちが多い場所だろうか？性格の良い人、人間的に優れた人が多数派だろうか？　また、自分が目指すべき、ロールモデルとなるような人は存在するだろうか？　そういったことを、できるだけ俯瞰的に考えてみる。

そして次に、「自分の現在の姿」を確認してみるのだ。過去に比べ、今の自分のあり方はどうだろうか？　性格は？　考え方は？　そして見た目は？　昔と比べ、今まわりにいる人たちに影響を受けて変わった部分はないだろうか？　もし影響を受けているとすれば、それは良い影響だといえるだろうか？　もし仮に、何か「悪い影響」を受けていると感じるところがあれば、それは自分への重大なシグナルだと考えたほうがいい。

人は無意識のうちに、目の前にいる人の言動をマネしてしまうという性質を持っている。

これは、円滑な人間関係を築けるように、人が本能的に備えている能力だといわれる。そしてその「マネする習性」は自分の心にまで影響を与え、人格をも変える可能性を持っている。自分が嫌いな人に囲まれていると、彼らの行動習慣が自分に転移して、気がつかないうちにその「嫌いな人」に似てしまうのだ。もし少しでもその兆候に気づいたら、急いで行動を変えたほうがいい。

出会う人を変え、自分を変える

今の環境が自分のために良くないと感じるのであれば、できるだけ自分が好きな人、尊敬できる人が多い環境を新たに探そう。そのような環境に身を置くことにより、正しく自分を高めることができるからだ。しかし、不幸にもすぐに動けないというのであれば、まわりの人に染まることなく、その人たちを「反面教師」として見る姿勢が大事だ。自分に悪い影響が及ばないように、できる限りの努力をすること。

転職など、環境を変えられるチャンスがあるのなら検討したほうがいいし、もしすぐには動けないとしても、メンターや尊敬できる知人など、「自分がなりたい」と思えるロールモデルを自分の近くに意識することはできる。そして、そういう人たちから意識的に多くを吸収し、学ぶ。そうすることにより、自分を悪い方向にではなく、良い方向に変えることができる。

どういう人たちと接し、交流するのか。自分の成長にかかわる重要な問題として、常に、強く意識しておくべきことだ。

まとめ

人は、まわりにいる人たちに似てしまう。環境の力は強いので、自分を置く環境はきちんと選ぶこと。悪い環境をすぐに変えられない場合、少数でも「目指すべき人」を決め、その人から吸収するように意識すること。

work

自分が目指したい「尊敬できる人」「影響を受けたい人」を意識的に選んでおこう。1人でなくとも、要素（考え方、ビジョン、コミュニケーションなど）によって分けてもいい。

・影響を受けたい人と、その要素①（　　　　　　　　）
・影響を受けたい人と、その要素②（　　　　　　　　）
・影響を受けたい人と、その要素③（　　　　　　　　）

第2章

困難にめげないメンタルを育てるための12のルール

rule 15

自分の精神を、自分できちんとメンテナンスしよう

誰でも、精神の調子は良いときと悪いときがあり、常に一定であるわけではない。しかし多くの人は、精神状態が悪くなったときも、そのことに無頓着すぎると思う。「いつか良くなるだろう」、それくらいにしか考えていないことが多いのではないか？　自分の精神を自分自身でメンテナンスすることは、本当はとても大切なことのはず。にもかかわらず、なぜ多くの人は、自分自身のケアのために積極的に動こうとはしないのか？

1つの大きな理由として、「忙しすぎてそんな余裕がない」ということがあるだろう。「余裕がないから自分へのきちんとしたケアができず、さらに精神の余裕がなくなっていく」という悪循環だ。精神の悪化を放置してしまうから、より深刻な状況におちいってしまう人が増える。

自分で自分の精神をケアすることの基本は、まずはスピードを落とすこと、そして十分

な休息を取ることだ。一昔前に比べ、ワークライフバランスの考えも浸透してきて、人々の意識は変わりつつはある。しかしながら、まだまだ忙しすぎて、そのために精神が追い詰められてしまう人はあまりに多い。

人類の長い歴史の中で、これほどまでに休みなく脳や精神を酷使するようになったのはごく最近のことだ。科学や産業はものすごいスピードで発達したが、身体的には、人間の根本的なつくりは大昔とそれほど変わっていない。人間の心や体は、まだ時代が要求するスピードに追いついていないのだ。

だから、自分の本来のキャパシティ以上に、精神に無理を強いているという可能性を考えなければならない。そのことを常に疑ってみること。健康な精神を保つためには、「自分で自分をいたわる」という考えを持つことが大切だ。自分の精神は、自分で守るほかない。そしてそれこそが、責任のある大人の態度だともいえる。

精神状態と、脳の機能は明確にリンクする

神経科学によると、人がストレスを感じているときには、脳は、「戦い」や「逃走」を

つかさどる部分が活性化する。これらは人類が進化の過程で得た、生き延びるためにとても重要な、本能的な機能だ。一方そのぶん、論理や、正確な判断、そして自制心などをつかさどる部分の機能が弱まってしまう。

つまり、ストレスが溜まりすぎると、仕事のパフォーマンスが落ちてしまうことが明らかになっているということだ。これらの機能を正常な状態に戻すには、スピードを落とし、十分な休息を取り、まずは精神をきちんとメンテナンスするしかない。

また、ほかにも研究によって裏づけられていることがある。それは、十分な休息を取ることは、意思決定により蓄積した疲れをいやし、モチベーションを回復し、クリエイティビティを高めるということだ。長い休息ではなく、ごく短時間の休憩でも、落ちてしまった集中力と生産性を復活させるためにはかなり有効だ。

精神のケアのための処方箋

まずは「スピードを落とす」ことを大前提に、自分の精神をケアするために重要な行動を考えていこう。

◆常に「自分の状態」を意識する

精神が悪くなっている状況を、自分で認識できるようにしよう。少しでも悪いほうに傾いてると感じたら、仕事のスピードや内容を調整したほうがいい。

◆自分だけの方法を身につける

精神のメンテナンスの方法には、個人差がある。ある人にとって有効な方法が、必ずしも自分にも効くとは限らない。運動をすすめられることがあっても、個人の特性や状況によっては、それが良くない効果をもたらすかもしれない。自分にとっては、静かに読書をするほうがいいかもしれないのだ。

自分の精神状態をよく観察しながら、自分に合った方法を見つけられるようにしよう。

◆小さなことでもいい

「精神をメンテナンスしよう」と大げさに考えると、たとえば「休みを取ろう」とか「次の週末まで待とう」など、つい多くの時間を取ろうとしてしまう。しかし、今すぐできるような、ごくごく小さなことでもいいのだ。まずは実行に移すことが大切。

「ちょっと休憩してみる」「外に出て近場を歩いてみる」「気分が上向くことをやってみる」などでもいい。精神のダメージが蓄積する前に、少しずつ回復させるような日々の習慣がとても有効だ。

精神のメンテナンスは、自分自身の意識と行動が大切。忘れずに実行することによって、より活力のある、前向きな毎日が送れるようになる。責任のある大人として、自分の精神をきちんとケアすることは、人生の中でも優先順位の高い項目であるはずだ。

まとめ

精神状態は、パフォーマンスに大きく影響する。精神状態の悪化を放っておかず、自分でメンテナンスする意識が大切。小さなことから始め、きちんと続けるようにしよう。

work

自分で自分の精神をケアするために、今までに実感している有効な方法はなんだろうか？　また、今後試してみたいことはあるだろうか？　言語化しておき、いつでも実行できるようにしておこう。

・自分の精神ケアに有効なこと

（　　　　　　　　）

・今後、精神ケアのために新しく試してみたいこと

（　　　　　　　　）

・自分が自分にかけてあげられる、ポジティブになる言葉

（　　　　　　　　）

rule 16

自分を肯定し、「あるがままの自分」を受け入れることが大切

変化が激しい今日のビジネス環境においては、いつも何かの大きな困難に向き合いつづけることになる。重要な決断を迫られ、責任の大きさに強いプレッシャーを感じ、精神に過大な負荷がかかることも多い。そういうときに大切なのは、「自分自身を肯定し、意識的に自分の心をいたわる」という心がけだ。

自分を肯定することは、自分自身をむやみに甘やかしたり、自己満足にひたることとは意味合いが違う。あるがままの自分を受け入れることはとても大切だ。疲れて弱った精神を、再び希望とエネルギーで満たすことができる。**自己肯定は、難しい状況を乗り越えるために大切なセルフマネジメントスキルなのだ。**このスキルを養うことにより、いつも適切な自信を持つことができ、状況の変化に左右されない、自分の信念に沿った決断や行動ができるようになる。

自分を肯定することの第一歩は、まずは自分を客観的に見ようとすること。たとえば、同僚や友人が困難な状況に直面しているのを見たとき、自分ならどのような声をかけるだろうか？　そういう視点を、自分自身に向けてみるのだ。「第三者が外部から見ている」つもりになると、あるべき正しい対応が見えてくる。

難しい状況におちいっている人が近くにいた場合、最初に間違いを指摘したりするのではなく、まずはその努力をねぎらい、励ましの言葉をかけるほうがいい。もしその人が重大な自信喪失におちいっていたとすると、普段なら簡単なことさえできなくなっている可能性もある。だから、まずは「あなたなら大丈夫」と声をかけてあげるだけでもいい。それだけの言葉でも、精神はずいぶんと救われるはずだ。

そしてそれは、自分に対しても同じことがいえる。自分の能力や努力に対して自分が厳しく見すぎると、自信がなくなり、その結果として能力も低下してしまう。そうではなく、自分に対して前向きに接することで、まずは自分への自信を深めるのだ。そうすると、たとえ悪い状況に置かれていたとしても、再び浮上するきっかけをつかむことができる。

このように、「自分を自分で肯定する」ことは極めて重要。では、そうするためにどのような心がまえが有効なのだろうか？

自分自身の状態を観察すること

まずは、自分の今の状況や精神状態を客観的に観察してみることだ。たとえば、「今自分はネガティブな気持ちを抱いている」「強いプレッシャーを受けている」というように。そうすることにより、自分から自分を切り離したうえで、第三者の視点から自分の状況を把握することができる。あるいは自分の精神状態や心の動きを文字に書き出してみて、言語化してみることも有効だ。

ほかの人も同じように苦しむことを理解する

「苦しいのはいつも自分だけ」と考えてしまう思考は、自分の状態をさらに悪くし、孤独感を強めてしまうことになる。そうではなく、**「ほかの人も自分と同じように苦しいし、つらいのは自分だけではない」と考えることは、自分を補強し、気持ちをラクにする。**また、苦しんでいるほかの人の気持ちに共感し、「つながっている」と思えることも大切。この考え方を持つことができると、困っている他者に対してこちらからサポートできるようになる。そのような姿勢は、自分自身の精神にとってもプラスに働く。

自分にもっと優しくあろうとする

成長への意欲は大切だけれど、あまりにその思いが強いと、困難な状況におちいっている自分に対して「こんなはずではない」と失望してしまう。理想の自分と現実の自分とのギャップが大きすぎるため、自分自身を責めてしまうのだ。理想と現実の捉え方に関しては、適切なバランス感覚が大切だ。必要以上に自己否定しようとせず、「今はハードな環境だから仕方ないと」客観的に認識できたなら、自分自身にもっと優しくできる。

自分に優しく接することができる人は、他人にも優しくなることができる。自分自身を受け入れられる姿勢が、他者を承認し、共感し、励ますということを可能にするのだ。そのためにもまずは、自分を前向きに捉える習慣がとても重要。いつもポジティブに考え、自分をさらに良い方向へと持っていく思考を持つようにしよう。

まとめ

自分を否定するのではなく、きちんと肯定することが、適切な自信を持つことにつながる。そのためには、①自分の状態を客観的に観察し、②他者の気持ちも理解し、③自分にもっと優しくあろうとする姿勢が大切。

work

自分を客観的に見る訓練として、自分の今の精神状態を1点から10点まで採点してみよう。また、精神状態スコアを上げるために、自分自身を積極的に肯定できる点を具体的に書き出してみよう。

・現在の精神状態スコア（1点～10点）（　　　）点

・自分を肯定できる点

（　　　　　　　　　　）

rule 17

ネガティブな気持ちは、自分の工夫で回復させる

大量のネガティブな情報は、自分の精神に対する毒になる。ＳＮＳやニュースからは、いつもたくさんのネガティブ情報が流れて来る。それだけでなく、もし家族や友人、同僚からもネガティブな話ばかりを聞かされつづければ、気分はどんどん落ち込んでいくだろう。それが仕事にも影響を及ぼして効率が低下し、さらには自分自身も、まわりにネガティブ物質を撒き散らすようになるかもしれない。

いつも休みなくやって来る「ネガティブの毒」にうまく対抗するには、**心の中に「自分はポジティブでありたい」という強い意識を持つことが大切だ。**自分で自分をコントロールする意識がないと、そのままどんどんネガティブな方向に引っ張られていってしまう。だから、精神を良い状態に保ちつづけるための意識と行動がとても大切だ。では、どういう行動を取るのが、ネガティブな気持ちを回復させるために最も有効なのだろうか？

ネガティブなものから離れる

まず真っ先にやるべきは、自分をネガティブな気持ちにさせる原因から距離を置くこと。SNSやニュース、同僚や友人の話など、接する情報の内容に注意しよう。その中にあまりにもネガティブなものが多いと感じたら、さっさと離れる。そういうものは意識してシャットダウンしていかないと、四六時中、自分をネガティブなエネルギーにさらすことになってしまう。自分に悪影響しかもたらさないものをなるべく避け、逆に、意識的に、もっとポジティブなものに触れる努力をしよう。

ネガティブなことを見聞きしていると、仕事のパフォーマンスが大幅に低下してしまうことが研究の結果わかっている。精神がネガティブな情報で満たされたとき、気持ちが暗い方向に引っ張られてしまい、仕事がはかどらなくなってしまったという経験はないだろうか？　これは、自分の貴重な時間を浪費するとてももったいない状況だ。まずは、ネガティブなものから「離れる」という意識がとても大切。

自分が発する言葉に注意する

自分が発するネガティブな言葉は、自分の精神に強く影響してしまう。自己フィードバック効果があるのだ。だから、頭で考えること、そして口に出すことにはいつもよく注意すべきだ。ネガティブなものに触れてそれが自分の気分に悪影響を与えると、自分自身も悪い言葉を発してしまうことがある。そして、それがまた自分の心にネガティブに影響する。どうしようもない負のスパイラルだ。

自分がネガティブなことを言ってないか、実際に言葉に発する前によく考えること。「最悪だ」「しんどい」「どうしようもない」などと言うのではなく、もっと前向きな表現ができないかを考えてみる。たとえば、つらい状況でもそれを成長の機会と考え、「挑戦しがいのある状況だ」などと表現してみる。そうすると、自分のマインドを変えることができ、状況を好転させるきっかけにもなる。「自分自身の発する言葉が、自分の気持ちを作る」のだ。

「前向き」な気持ちを意識する

人は、あまりにも簡単に、ネガティブなものからの影響で自分もネガティブになってしまう。だからこそ、常に意識して「前向きな気持ちを持とう」と思うことが大切だ。自分でコントロールできること、次に本当にやるべきことに集中する。自分で自分の精神を整えていくという姿勢がとても重要だ。

もし心がネガティブに振れそうなとき、いったん「ニュートラル」な気持ちに整えてみる。これは、ネガティブな情報にすぐに反応するのではなく、距離を置いて冷静に評価して、自分にとって何を意味するのかを考えてみるという手法だ。自分に関係のないことなのに、それで後ろ向きな気持ちになってしまってはもったいない。ネガティブな話を聞いたからといって、すぐに自分も悪い方向に引っ張られないように、いつも「中立」の考え方をできるように心がける。

そして、**ネガティブにならずにニュートラルな精神を保てていると思ったら、そこからさらにポジティブな方向へと自分で持っていく。**ネガティブなことを思い返してしまうのではなく、自分の頭を前向きな発想で満たして、意識的にポジティブな方向に持っていくのだ。このように、外部環境に左右されず、自分の気持ちを自分できちんとコントロールできるのが、本当のプロフェッショナルだといえる。

まとめ

外部からのネガティブな情報に引っ張られないためには、①ネガティブな情報源から距離を置く、②自分が発する言葉に気をつける、③前向きなことを考え、マインドを意識的にポジティブにするという意識が大切。

work

ネガティブに引っ張られそうになったとき、自分にポジティブさを取り戻せる考えはどんなものだろうか？　普段から、いくつか用意しておこう。

・ポジティブな考え方（書けるだけ書き出してみよう）

rule 18

ネガティブな気持ちを正のエネルギーに転換する

せっかくの人生、できれば毎日を楽しい気持ちで生きていきたいものだ。しかし、世の中そんなに簡単にいくものではない。失敗したり、腹立たしい事件に出合ったり、とにかくこの世は、気持ちをネガティブにしてしまうワナに満ちあふれている。全部にまともに反応しているとキリがないけれど、それでも、どうしてもネガティブにとらわれてしまうときはある。

人間の思考や感情にキャパシティがあり、1日の中で使える上限が決まっていると思ったほうがいい。それなのに上限を超えて使ってしまうと、精神に重大な影響を及ぼしてしまう。ネガティブな思考は、ものすごくエネルギーを消費する。その原因となった出来事をいつまでも忘れられず、何度も思い返してしまうのは人間の性質ともいえるが、それを繰り返していると、1日に使えるうちの大半の思考エネルギーを消費してしまう。

だから、できればネガティブなことなど考えないほうがいい。とはいえ、まったく「考えない」ということは至難の技だ。だから、ネガティブな気持ちが沸き起こってしまうのは仕方のないことだと割り切り、それを、プラスのエネルギーに変える努力をしてみることが重要だ。

実際に、多くの研究から、「悔しさ」は、人に新たなモチベーションをもたらすことがわかっている。悔しさが感情を刺激し、その感情が、目標に向かって行動するエネルギーを生み出すのだ。多くの人は、これまでにもそういう経験を持っているのではないか。大切なのは、このメカニズムを自分の中で「仕組み化」してしまうことだ。できるだけすべての**ネガティブな感情を、プラスのエネルギーへと転換していくための仕組みを作る。**実際に、どのように考えればそれが可能になるのだろう？

負の感情を「上書き」するための行動を増やす

ネガティブな気持ちをなくすためには、ほかのことで頭を満たすことがいちばんだ。それもできるだけ、一生懸命になれそうな、未来につながるポジティブなことで。それも、単に頭の中だけで考えるだけより、具体的な作業をしながらなど、実際の行動をともなうほうが深く没頭できる。だから、いつもネガティブなことを思い出すたびに、まずはそれを打ち消すためにも前向きに動いてみようとすることだ。

ものすごく単純なメソッドではあるが、この発想の効果はバカにはできない。悔しさを源とするエネルギーは、短期的な瞬発力を生むことが得意だ。そしてこのような瞬発力は、仕事を進めていくうえでとても貴重。何をするにしてもゼロから1を生み出す瞬間には莫大なエネルギーを必要とするが、そういうときに、このエネルギーは大きな効果を発揮する。「なにくそ！」と思う心が、普段は出せないような大きな瞬発力を生むのだ。悔しさをバネにしてスタートさせた新しい取り組みは、初めの段階を一気に進めることができる。負のエネルギーが大きければ大きいほど、その取り組みは大きなインパクトを生み出すだろう。

自分のレベルが上がれば気にならない

ネガティブな気持ちをもたらす大きな要因の1つは、「人」に起因することだ。人間の悩みのほとんどは、人間関係が原因だともいわれる。他人にバカにされたり、まともに取り合ってもらえなかったという経験は、非常に強い怒り、悔しさ、そして悲しさといった感情をもたらす。ネガティブなエネルギーの中でも、最も強いものになり得る。

「相手を見返してやる」という気持ちも、確かに有効だとは思う。実際、そういう気持ちで成功した人も多いだろう。しかし怖いのは、この思いが強すぎると、つい「復讐」ということに気持ちが向いてしまい、自分が本来進みたかった方向とは違うところに向かってしまうことがあることだ。また、「相手を見返したい」と考えた時点で、自分の感情をその相手に支配されてしまう。それはまったく健全なことではない。

いちばんいいのは、「圧倒的に自分のレベルを上げてしまう」という考え方だ。相手を見返すのではなく、そういう人など、まったく気にならないくらいの境地に達してしまうのだ。実際、この考え方はとても強力だ。自分が進む方向を変えなくていいし、かつ、実際に、自分を大きく成長させるための原動力になる。悔しい思いをバネにして成功したある経営者は、自分が社会的に重要なポジションになったとき、「復讐しようと思っていた相手のことなど、どうでもよくなった」と言った。まさにそういうことだと思う。

毎日をマジメに生きていくうえで、どうしても避けることのできない自分のネガティブな気持ち。それをどう扱い、どう活かすかは、まさに自分次第。その取り扱いが、自分の成長を決める。

まとめ

ネガティブな考えを繰り返すと、精神エネルギーを消費してしまう。それを「上書き」しようとする意志が、プラスの行動を生み出す。また、他人を「見返す」のではなく、「気にしなくていいほど高いレベルに到達する」ことを目標にする。

work

ネガティブな気持ちが起こったとき、それを打ち消すための行動を書き出してみよう。仕事でも、勉強でも、なんでもいい。沸き起こるエネルギーを、いつもうまく使えるようにしておこう。

・行動①（　　　　　）
・行動②（　　　　　）
・行動③（　　　　　）

rule 19

マイナスに考えてしまう思考を、強みにする

マイナス思考よりもプラス思考がいい――一見あたり前のようにも思うかもしれない。しかし、本当にそうだろうか？　仕事に関して言うと、マイナス思考にも重要な側面があるはずだ。いつもプラス思考が善でマイナス思考が悪ということではなく、両方のバランスを、自分なりにうまく使い分けていくことが大事なのだと思う。

もし仮に、1人の人間が完全なプラス思考しか持っていないとどうなるだろうか？　計画中のプロジェクトに避けられないリスクがあるときでも、100パーセントプラス思考だと、「なんとかなってしまうだろう」で押し通してしまうかもしれない。ものごとを前向きに考えることは大切ではあるが、あまりにお気楽だと、うまくいかないことを心配することがなくなってしまう。この**「心配」という感覚はとても大切だ。心配する気持ちがあるからこそ、「あらかじめリスクに備えて用意をしておこう」という行動につながるのだ。**

自分がかつて、ある人から聞いた言葉。それは、「優秀な人とは、長期では楽観的、短

期では悲観的にものごとを考えられる人のこと」。これはまさに、プラス思考だけではなく、マイナス思考も重要であることを、端的に表した言葉だと思う。

マイナス思考を、考えの「仕組み」に取り入れる

自分のことを楽観的でプラス思考だと思ってる人でも、あえて「マイナス思考」をうまく自分に取り入れてみることも可能だ。たとえば、仕事に行く前に、「何か忘れ物はなかったかな？」と心配してみる。楽観的すぎると飛ばしてしまうようなチェック工程も、意識的に慎重になり、念のためにやってみるのだ。マイナス思考をうまく使うと、失敗を減らすために有効な行動を取ることができる。

逆に、普段からマイナス思考が多いと自覚している人は、それを強みとして捉え、自分の仕事に活かせないかを考えてみる。たとえば、「本番で失敗したらどうしよう」と心配しすぎることが多いのであれば、その心配を消すためにはどうすればいいかを考えるのだ。人よりも念入りに準備するとか、本番に備えてたくさん練習するとか、いくつかの方法があるはずだ。そういう思考が、仕事の精度を上げ、自分のさらなる成長を実現させる。

いつも100パーセントプラス思考、もしくは100パーセントマイナス思考という人

はいないと思う。それぞれ個性はあるものの、誰しも、ある一定のプラス思考とマイナス思考の間でものごとを考える。**大事なのは、意識して、プラス思考とマイナス思考をうまく出し入れして使うという発想だ。**大胆に行くべき局面であればプラス思考が有効だろうし、慎重に行くべきタイミングだと思ったら、マイナス思考に寄ってみればいい。それは、自分の行動に「失敗しないための仕組み」を取り入れることだともいえる。

マイナス思考があると、人の気持ちがわかる

マイナス思考の人の良いところは、人の気持ちを理解できるということ。よく「共感が重要だ」といわれるけれど、特に大切なのは、楽しさやうれしさの共有ではなく、悲しさ、そしてつらさを共有することだと思う。ポジティブな気持ちは共有しやすいけれど、ネガティブな気持ちの共有は簡単ではない。そういうときこそ、マイナス思考に慣れている人のほうが、他者の気持ちに共感しやすいのだ。これは、とても重要な特質だといえる。

マイナス思考の強い人は、一般的に、繊細で優しい人が多いと思う。心配が多すぎたり、人の悲しみにも影響を受けすぎたりして、それを自分の負の側面であると感じているかもしれない。しかし、このような感性こそ、今の世の中では本当に必要とされているものだ。

仕事が大変だったり、生きづらかったりして、精神を消耗させてしまう人は増えている。そのような人びとの気持ちを理解することは、マネジメントでも極めて重要だ。ものごとをマイナスに考えてしまう人は、意識して、その特質をもっとうまく活かそう。

まとめ

マイナス思考には、リスクヘッジの力を強めたり、人の気持ちに共感できるという強力なメリットがある。それを意識的に使えるようになれば、仕事にも役立つ。

work

自分の「マイナス思考」を、前向きに使えるとすればどのような局面においてだろうか？　良い活用法を考えてみよう。

・マイナス思考の活用法①（　　　）

・マイナス思考の活用法②（　　　）

rule 20

他人と比べて落ち込んでしまう思考はやめよう

もし相手が圧倒的に力の差がある人であれば、自分が勝てないのも仕方がないと思えるだろう。しかし、自分と同じくらいのレベルだと思っていた人が急に活躍したり、自分よりも良い成績をおさめたりするのを見るとどうだろう？　「あれっ、いつの間にか置いて行かれたのか…？」と、どうしても心はざわついてしまうものだ。

しかし、そこで落ち込んでしまったり、ネガティブな気持ちになってしまうことは避けたい。ひどくなると、「実は自分はとても劣った人間では」などという、極端な思考を持ってしまうことがある。あまりに劣等感を強めると、何をやるにも自信をなくしてしまい、仕事にも悪影響が出かねない。

だから、**もし心がざわついたり不安になってしまいそうなら、それを「競争心」と捉え、前向きなモチベーションに変える努力をしてみよう。**そして覚えておくべき大切なことは、本当に競争すべき対象は、他人ではなく自分自身であるということだ。そう考えることができれば、もっと健全な精神を保ち、前向きに自分の成長をうながすことができる。
では、どのような考え方を持てば、他人と自分を比べて不安になることがなく、ポジティブな心を持ちつづけることができるのだろうか？

他人の成功話には、バイアスがかかりやすいことを知る

他人と自分を比べだすと、1日中、精神に強いストレスを感じてしまうことになる。そしてあれやこれやと比較するたびに、気持ちが落ち込んでしまう。だから、いったい何が気になるのか？　それを自分で把握しておくことは重要だ。そのポイントがわかっていれば、自分なりに適切な対応も取れるようになる。

転職した元同僚が、新しい会社でうまくやっているウワサを聞く場合もあるだろう。また、中には起業して成功しているという同級生もいるかもしれない。その場合、自分の境遇を振り返って、大きな差を感じてしまうことがある。また、たとえばSNSを見ると、他人と自分とを比較してしまうことが多い。仕事やプライベートの成功など、うらやましく見える報告にあふれ、ついあせったり落ち込んだりしてしまう。

しかし、そういう話の多くには、「隣の芝は青く見える」というバイアスがかかってい

市村よしなり氏
年収を10倍にするマインドセット（PDF）

あなたは年収を10倍にしたいですか?

年収が10倍になれば、ずっと欲しい、やりたいと思っていたものを全て手に入れることができます。

ただ『年収を今より2倍、3倍にするのも難しい』。

そう思っていませんか?

数々の経営者、個人事業主が教えを請う市村先生が『年収を10倍にするマインドセット』を公開します!

今井澂氏
6分類で考える個別株投資の分析手法
〜ウラ読み特別版〜（MP3）

投資初心者へ向けて解説!
個別株を6種類に分類し、それぞれに対する分析を解説。
個別株を分析して、2番底の安値で優良株を仕入れましょう!

久野和禎氏
一流のリーダーが必ず身につけている
リーダーシップの極意とは?（動画）

認知科学を土台として生み出されたゴールドビジョン®メソッドのリーダーシップ版が登場!
- 卓越したリーダーの性質
- リーダーの拠り所
- リーダーが実際に行うこと
- 確実に成果を生む仕組み

などなど、リーダーとして成功するために具体的に身につけているべき考え方／技術を解説していきます!

横山信弘氏
ロジカルトーク3メソッド（動画）

「伝えたいことがうまく伝わっていない…」
「部下が思うように動いてくれない…」
あなたはこのように思ったことがありませんか?
相手との話を噛み合わせ、相手を動かすためのトークメソッドを“絶対達成”コンサルタントがあなたへ伝授します!

フォレスト出版　愛読者カード

ご購読ありがとうございます。今後の出版物の資料とさせていただきますので、下記の設問にお答えください。ご協力をお願い申し上げます。

● ご購入図書名　「　　　　　　　　　　」

● お買い上げ書店名「　　　　　　　　　　」書店

● お買い求めの動機は?
1. 著者が好きだから　2. タイトルが気に入って
3. 装丁がよかったから　4. 人にすすめられて
5. 新聞・雑誌の広告で(掲載誌誌名　　　　)
6. その他(　　　　)

● ご購読されている新聞・雑誌・Webサイトは?
(　　　　　　　　　　)

● よく利用するSNSは?(複数回答可)
☐ Facebook　☐ Twitter　☐ LINE　☐ その他(　　　　)

● お読みになりたい著者、テーマ等を具体的にお聞かせください。
(　　　　　　　　　　)

● 本書についてのご意見・ご感想をお聞かせください。

● ご意見・ご感想をWebサイト・広告等に掲載させていただいてもよろしいでしょうか?
☐ YES　☐ NO　☐ 匿名であればYES

郵便はがき

料金受取人払郵便

牛込局承認

2000

差出有効期限
令和4年5月
31日まで

162-8790

東京都新宿区揚場町2-18
白宝ビル5F

フォレスト出版株式会社
愛読者カード係

フリガナ お名前	年齢　　　歳 性別（ 男・女 ）
ご住所 〒 ☎　（　　）　FAX　（　　）	
ご職業	役職
ご勤務先または学校名	
Eメールアドレス メールによる新刊案内をお送り致します。ご希望されない場合は空欄のままで結構です。	

ると意識することが重要だ。他人の話は、悪い部分を省いて、良い部分だけが誇張されて伝わって来ることが多い。というのも、本人が悪い部分は隠し、良い部分だけを他人に伝えていることも多いからだ。

SNSの投稿には、その傾向がさらに顕著に表れる。基本的に、SNSでの報告や自己表現は、かなり「盛っている」場合が多い。みんな、自分の一部の良いところだけを切り出したくなるのだ。ちなみに、ツイッターよりも、インスタグラムやフェイスブックにおいてそれがより強く表れる傾向にある。本音よりも建前、そして見栄えが重視される世界だ。

あらかじめそういうことがわかっていれば、他人と自分を比較している瞬間の自分を観察し、「必要以上にうらやましく思うことはない」と、ブレーキをかけることができる。ウワサ話やSNSでの話をそのまま受け取って劣等感を持つのではなく、「みんな、実は裏では苦労してるんだろうな」というところまで、冷静に考えられる思考法が大切だ。

他者の成功を「自分の成長」へとつなげる思考

SNSを見ていると他人に比べて自分が劣等感を持ってしまうから、「もう見ないでおこう」というのは確かに1つの解決法ではある。でも、そういう方針は、あまり良いことはないと思う。SNS以外からもさまざまな話やウワサは耳に入ってくるものだし、何より、そこから「逃げた」と思ってしまうこと自体が、自分に対してまた別の劣等感をもたらすことにもなりかねない。

理想的なのは、**他人の成功を、単に「うらやましい」とか「自分は負けている」と繰り返し考えてしまうのではなく、他人の成功を身近なサンプルとし、自分の成功戦略に組み込んでしまうこと。**そしてそれは、「自分の知っている人」がサンプルだから、とてもやりやすいはずなのだ。

たとえば、スキルアップや成長の参考にしようと手あたり次第に本を読んだとしても、その著者は、多くの場合は自分とは遠い世界の人だ。マネをしようと思っても、自分とはあまりに違いすぎる場合も多い。しかし、同僚など自分に近い人であれば、そのバックラウンド、経験なども自分に似ている場合が多いだろう。だから、よりダイレクトに、自分の成長のための参考にしやすい。

優秀な人のまわりは、みな優秀な人が多い。これは、環境がとても大切ということを意味している。だから、近い知人が成功しているのは、実は自分にとっても非常にラッキーなことだと思うべき。身近に成功者がいれば、うらやんだり劣等感を感じたりしている時間を惜しみ、その人のやり方を、どんどん自分でも実践してみればいい。こういうかしこい発想が、自分自身を順調に成長させることにつながるのだ。

まとめ

人の成功話には、バイアスがかかりやすいのですべて鵜呑みにして落ち込まないこと。それよりも、「身近な成功例は参考にしやすい」と考え、自分の成長戦略にうまく取り込む姿勢を持とう。

work

身近な人で、「成功してうらやましい」と思える人を想定しよう。その人の成功要因だと思えるもので、自分も参考にできそうな要素を書き出してみよう。

- **成功要因①（　　　　　　　　　　　　）**
- **成功要因②（　　　　　　　　　　　　）**
- **成功要因③（　　　　　　　　　　　　）**

rule 21

「メンタルが弱い」と自覚しているなら「自分を守る行動」を取ろう

「メンタルが強い」と自分で言い切れる人はどれくらいいるだろうか？　面白いもので、「メンタルが弱い」と自己申告する人は多くても、「メンタルが強い」と自分で宣言できる人はあまりいない。人間は、基本的にはとても弱いものだと思っている。普段は元気で前向きでも、これまでに、何かつらいことで精神に過大な負担がかかった経験のある人は多いだろう。メンタルに関しては、すべての人が、もっと自分をいたわる意識を持つことが大切だと思っている。

自分の心に必要以上に負担をかけず、無理をせずに生きる術はいくつかあるだろう。そういう僕自身も、メンタルが強くないことをこれまでの人生で自覚しているつもりだ。その経験上、特に「こういう場面では、このように考えたらいいのでは」という発想法を共有したい。

いつでも逃げ道を確保しておく。ヤバければすぐに離れる

精神の状態に変調をきたしたとき、いちばん避けたいのは、そのまま回復できずに悪化する一方になることだ。そうなる原因は、「どこにも逃げられない」状況に追い詰められてしまうこと。メンタルの悪化は人間関係などの環境的要因によることが多く、その要因を根本から改善できなければなかなか回復しない。だから、精神に悪い環境から離れることができないと、メンタルは悪化する一方になってしまう。

現実的には、今いる環境から実際に「逃げる」のが難しいことも多い。会社の中で簡単に配置転換希望など通らないし、たとえ組織には属さないフリーランスであったとしても、クライアントとの関係で身動きが取りづらい人も多いだろう。しかし、自分の命や健康ほど大事なものはない。もし本当にまずい状況だと感じたら、ためらうことなく逃げるべきだ。「もう耐えられない」という状況なのに、それ以上に無理にがんばってしまうと最悪のケースを招いてしまうこともある。

「自分はメンタルが弱い」と自覚している人であれば、「最初から逃げ道を確保しておく」という仕事の選び方が大切だと思っている。「自分は、ここにしかいることができない」と思ってしまうから、それ以外のどこへも逃げられなくなってしまう。あらかじめ悪い事態を想

定しておき、もし自分の精神にとって良くないと判断すれば、いつでも別の道を選べるように常に考えておく。実際にその道を選択することはなくとも、別の道を「持っている」というだけでも、心の安定度はかなり上がるはず。

しんどいときに決断をしない

メンタルが弱っている人は、自分の決断力が落ちていることに気づかない人も多い。しかし、精神が弱り、うつ状態に近づけば近づくほど、何かを決断する力はとても弱くなってしまうのだ。だから、生活の中でのごく簡単なことすら決めるのが難しくなってしまう。たとえば、昼に何を食べようかと考えて、いつまでたっても決められないというようなことが本当に起きる。

「決断する」ということは、思っている以上に精神力を消費するものだ。だから、**心がしんどくなってきたなと思ったら、できる限り決断は先送りにする、**そういう考え方が大切だ。特に、人生の中でも重要な決断は避けたい。重い決断は心に大きな負荷をかけてしまうし、正しい判断ができない状況なのに無理に何かを決めてしまうと、あとで後悔する結果になってしまう。

人の期待に無理に応えようとしない

精神が弱れば弱るほど、「人の評価」が気になってしまうものだ。これは、自分自身の評価に自信が持てなくなってしまうため。だから、「結果が出ない」↓「人の期待に応えられないとあせる」↓「精神に負担がかる」↓「さらに結果が出ない」という負のスパイラルにおちいってしまう。そういうときこそ、人の期待はひとまず脇に置いておき、まずは自分の心のケアに専念することが重要だ。

まともな人間であれば、「精神的に参ってる人間に無理させよう」とは思わないはず。だから、もし開示できる状況であれば、「ちょっと今精神的に苦しい」ことを上司や会社に告げて、自分に対する期待や負担を一定期間だけ減らしてもらえばいい。もしそこで「そんなことは関係ない」と言うような人がいた場合、そんな人とは、一刻も早く距離を取るべきだ。そういう人と長くいると、自分の人生を台無しにしてしまう可能性がある。

人の期待に応えるよりも、自分の健康を守るほうが、はるかに大切なはずだ。人生における優先順位をしっかり考え、自分の身や心を自分で守るための正しい判断をしよう。

まとめ

「自分はメンタルが弱い」と思っているのなら、「①いつでも逃げ道を確保しておく」「②しんどいときには決断をしない」「③人の期待に無理に応えようとしない」ことを心に留め、自分で自分を守る努力をしよう。

work

自分のメンタルが低下するときに起こる症状を書き起こしておき、心に留めておこう。それは、自分自身に送られて来た、自分の心と体からの重要なサインであるはず。

- **症状①**（　　　　　）
- **症状②**（　　　　　）
- **症状③**（　　　　　）

rule 22

自分の性格を変えるには、まずは行動から変える

何かうまくいかなかったとき、「これは自分の性格だから」と結論づけてあきらめてしまったことはないだろうか？　性格のせいにするとそれ以上考えなくて済むし、「あれは仕方がなかった」という自分への免罪符にもなる。しかし、「性格だから仕方がない」という結論で済ませてしまうことは、本質的な課題からの逃げになる。それだと何も解決されていないし、次に同じ場面に遭遇したらまた同じことを繰り返すだけだ。「自分の性格」で話を終わらせてしまうと、いつもそこが限界となり、それ以上に成長することもできなくなるのだ。

人の性格は、変えられるものだ。たとえば、長い付き合いのまわりの知人たちは、全員が全員、5年前、10年前とまったく同じ性格のままだろうか？　中には、「少し変わったな」と感じる人もいるはずだ。そしてそれは、以前よりも「良い性格」になっていることが多

いのではないか。

それは、勝手に性格が変わったのではなく、本人がきちんと意識している可能性が高い。人間、気を抜いて普通に生きているだけで、急に性格が良くなるわけでもない。その知人はおそらく、人生の中で何か重要な経験をしたり、そこから何かを決意をしたりして、自分で自分の性格を変える努力をしたのではないか。「自分はどのような人間として生きるか？」ということを、日々の生活の中できちんと意識することは非常に重要だ。

しかし、性格は今すぐに変えられるというものでもない。いくら「自分は今日から変わるのだ」と強く念じたところで、長年付き合ってきた性格を急に変えるのは非常に難しい。無理をしても、すぐにボロが出るだろう。しかし、それでいいのだ。自分の性格を変えるには、いくら途中でボロが出ようが、「変えたい」という固い意志が必要だ。

だからまずは、**性格そのものより、「行動」を変えるという意識から始めればいい。行動は、比較的簡単に変えられる。**自分が本当にしたい行動ではなく、理想的だと思える行動をすればいいだけだから。たとえば、A、Bという2種類の行動がある。客観的に見て望ましいのはAだ。しかし、自分の性格ならBを選ぶだろう。ここでAを選ぶのは、自分の性格に反しているので、なんだか嘘くさい。しかし、それでいいのだ。心が思うことと、違うことをしてみる。外から見たときに、望ましい行動をしてみるのだ。

性格はすぐには変えられないが、変わろうとする「方向」だけは今すぐにでも変えることができる。それが、日々の自分の行動を変えるということ。ただし行動だけを変えても、最初はちぐはぐに感じるだろう。それは、自分の心からの決断の結果ではないからだ。

しかし、そうしている間に気づくはず。まわりは、その変化を、意外なほどに好意的に受け止めてくれるということを。自分としては相変わらず「自分らしくない」と思える行動であったとしても、身近な人は「あれ、良い感じに変わったな」と思ってくれるはず。自分よりも先に、他者が自分の変化を受け止めてくれるのだ。そして、まわりが変化を認めてくれると、自分の変化もだんだん本物として固定されていく。自然に、まわりの期待に応えるような行動になっていくのだ。そうして、自分の「変化」が本当に完成するに至る。

「自分の理想の人だったらどうするだろう?」と考える

目の前の小さな行動を変えてみる——それこそが、自分の性格を変え、自分という人間を変える道への第一歩だ。それを確実にやり切るためには、たとえ自分の性格は元のままであっても、まず「変わったつもり」になってみればいい。元の自分だと選ばないような行動でも、「自分ではない理想の誰か」が決断しているのだと思ってみる。

こういうとき、**自分の理想の人を思い浮かべ、「あの人だったらどうするだろう?」と考えてみるといい。**面白いもので、自分が尊敬する人の思考や判断をマネしようとすると、自分がする判断とはかなり違うことが多いはずだ。ガマンすべきときにきちんとガマンできたり、人に対して優しく接しようとしたり。

とにかく最初は表面的なコピーでもいいので、その人の思考や行動をマネていると、まわりもその変化に気づき、認め、そして最後は本当の自分が変わることになる。そこまでいけば、もう誰かのコピーではない。自分自身の判断で、自然に、自分の理想の行動ができるようになっている。

自分を変えるには、一気に変わろうとあせらないこと。まずは、今の瞬間の行動だけを変えてみる。そして次は、1日の行動を変えてみる。そのまま方向を間違えず、長く努力しつづけていると、いずれ自分自身が変わることができる。

まとめ

自分の性格はすぐには変えられないが、理想の人の思考や判断を参考にし、まずは「目の前の行動」から変えてみる。そうしているうちに、いずれ自分の性格そのものも変えられる。

work

自分の性格を変えたいと思う部分はあるだろうか？　理想の自分になるために、まずは変えられる「日々の行動」を、具体的に考えてみよう。

・変えられる行動①

（　　　　）

・変えられる行動②

（　　　　）

・変えられる行動③

（　　　　）

rule 23

「不慮の事態」をプラスに考え、味方につける

仕事を進めるときは、普通はまず「計画」を立ててから着手するもの。そしてその仕事は、できるだけ障壁やトラブルもなく、計画通り、無事に進んでいくことが理想とされる。逆に、何か予想もできないことが起きたり、そのために計画の変更を余儀なくされることはできるだけ避けたいと考えるものだ。

しかし一方で、完全に計画通りに進む仕事というのは、裏返せば「挑戦の度合いが少ない」ともいえる。リスクをまったく取らず、絶対に成功するような計画を作れば、その仕事は無難に進んで行くことだろう。しかし、そういうレベルの仕事の繰り返しだけでは、新しい価値を生み出すことは難しいのだ。

本当に価値のある難しいゴールを達成しようと思うと、普通は、その過程で多くの困難に出合うものだ。中には、まったく予想できなかったような事態もあるかもしれない。で

もだからこそ、それらの困難を乗り越えることは大きな価値があるし、困難を克服することが自分の価値の証明にもなる。

もし、目の前の仕事がいとも簡単に達成できるようなゴールしか狙っていないのなら、別に自分がやらなくとも、ほかの誰かがやってもいいわけだ。

本当に優秀な人は、仕事で出合う数々の困難を、単に避けるべき「マイナス要因」とは捉えない。むしろ、それらの困難や障壁をきっかけにし、さらにはそれらを重要なテコと位置づけ、自分の仕事をより「高いレベル」に持って行くのだ。

予想しなかった課題を、「飛躍のためのきっかけ」にする

1つの仕事の中で、まったく課題らしい課題にあたらずに進んで行くと、それは予定調和で終わることになる。しかし、計画段階ではまったく予期してなかったような課題に出合うと、それを乗り越えるための何かしらの「工夫」を加えることが必要になる。そしてその加えられた「工夫」こそが、まったく新しい価値を産むことになるのだ。

イノベーションとはまさにそういうことだ。Aという結果を目指していて、そのまま順

調に終われば普通にAという結果が得られる。しかし、途中でBという大きな障壁にぶつかったとする。そのBを乗り越えるために、チームメンバーの知恵を結集した結果、Cという結果の存在があることがわかった。この場合、Bという障壁と出合ったおかげで、想定していなかった新しい可能性が発見できたのだ。

出合った課題に対して単に妥協しただけだと、新しい結果Cは結果Aに劣ることになる。しかし、障壁Bを乗り越えるために何かしらのブレークスルーを起こせた場合、Cは、Aよりもはるかに価値が高い結果になることがある。障壁を「チャンス」だと見なして立ち向かったからこそ、新たにたどり着いた結果の価値が上がったということだ。

「進路変更」も価値になることがある

しかしながら、立ちはだかる課題が大きすぎて、その課題を克服できないこともある。そのときは、その課題に正面から立ち向かうのではなく、「逃げ道」を探すこともある。そしてその「逃げ」が、新しい発見につながるということもまた多い。

この「逃げ道」を選ぶとき、「元々の道を選んだよりも、結果的にこっちのほうがはるかに良かったね」という結果になる場合がある。それも、大きな障壁に出合ったおかげだ。

しかし、このことはたまたま得られたラッキーではなく、真剣にその障壁に向き合い、最善の「逃げ」の道を見つけることができたからこそだ。

自分も、これまでの仕事ではいつもそのように心がけてきた。障壁にぶつかってしまい、別の選択を余儀なくされるとき、単に「逃げた」という結果になるのがイヤなので、意地でも新しい価値を見つけられるように努力するのだ。そういう姿勢が、より良い結果を生むことになる。

障壁に出合ったら、単に「やっかいだな」とマイナスに思うのではなく、「これを絶対プラスにしてやる」――そう思う姿勢こそが、とても大切だと思う。

まとめ

仕事で出合う障壁を、「より大きな価値を生み出す」ためのチャンスと見なし、自分の力を最大限に発揮できる機会にしよう。

work

今取り組んでいることで、「大きな障壁」と思えるものを書き出してみよう。

そして、それを克服したり、別の道を選ぶことにより、新たな価値が創造できる可能性を考えてみよう。

・大きな障壁

（　　　　）

・それをきっかけに創造できる価値

（　　　　）

rule 24

「失敗を忘れられない」のは、長所と考えよう

いつまでも失敗したことをグズグズと考え、引きずってしまう――そういう性格を直したいと思ったことはないだろうか？　たとえば手痛い失敗をしたとき、しばらくの間それを繰り返し思い返して落ち込んでしまう。そして、失敗を笑って忘れてしまえる人がうらやましく見えたりする。

しかし本当に、失敗はすぐに忘れてしまうほうがいいのだろうか？　失敗を忘れられる能力は一見すると前向きなようにも見えるが、仕事を進めていくうえでは大きなマイナスになることもあるはずだ。友だちとしてはいいかもしれないが、もしその人が仕事のパートナーだったら？　その人が大きな失敗をしたあとでもケロリとしているのを見て、安心して次の仕事をまかせようと思えるだろうか？

失敗の記憶が消えないのは、つらいものだ。しかしその記憶をどう捉え、次にどう活か

すか？　その姿勢こそが、自分自身の成長の鍵を握っていると考えたほうがいい。

失敗を忘れないのは、責任感があり、マジメな証拠

失敗を忘れない人というのは、他者から信頼されやすい人だ。人は必ずミスを犯してしまうものだから、そのあとにどうするかというマインドがとても重要。失敗を忘れない人であれば、きちんと前回の失敗を反省していることだろうし、次はもっと努力してくれるだろうという信頼感を持てる。逆に、失敗に対する反省の色がまったく見えない人だと、「次も同じミスをしてしまうのではないか？」とハラハラしてしまう。明るく前向きなことはけっこうなことだけれども、かといって無反省に、お気楽に失敗を繰り返されてはたまったものではない。

失敗を忘れられないのは、自分に対する期待が高かったからという理由もあるはずだ。自分はもっとできるはずだったのに、思ったよりもうまくいかなかったから、不甲斐なさもあって悔しく感じている。だからこそ、その悔しさをバネにして、次の成功へのモチベーションを高められるのだ。**失敗を忘れられないのは、成長意欲が強く、自分への期待が高**

いという前向きな気持ちの表れだと認識しておこう。

忘れられないことを、「改善」の前向きな行動へつなげる

失敗したという事実をよく覚えているということであれば、その特質をもっと前向きに活かすことを考えよう。二度と同じ失敗を繰り返さない、そのための大事な能力、そして原動力であると考えればいいのだ。

失敗を繰り返す人というのは、前の失敗への認識が希薄なので、同じところで同じミスをしてしまう傾向がある。失敗を忘れられない人は、その記憶をうまく活かし、「次は同じミスを繰り返さない」ことに細心の注意を払えばいい。さらに、前回の失敗の記憶が鮮明なうちに、次は成功させるための自分なりの「仕組み」を作り上げてしまうのだ。そのサイクルを繰り返しているうちに、仕事のクオリティはどんどん上がっていく。

仕組み化は、仕事のみならず、勉強においても、日々の習慣においても、非常に重要かつ強力な効果を発揮する。「次は失敗しないように気をつけよう」という気持ちはとても大切だが、それだけだと、同じミスを繰り返してしまう可能性をゼロにすることができない。意識的に仕組み化の考えを取り入れ、普段の行動のレベルを上げていこう。

成功で上書きすれば、失敗の記憶は徐々に薄らいでいく

人間、良い記憶は長く覚えているが、悪い記憶は比較的短い時間で忘れてしまう。よくできたもので、脳の機能がそうなっているからだ。だから、たとえ大きな失敗をしてつらい思いをしたとしても、近い将来、その記憶は必ず薄れる。失敗の反省を活かした次の成功に上書きされ、つらい思いは遠い記憶になっていく。そしてそれこそが、人間としての正しい成長のあり方だ。

だから、**失敗の記憶を無理に忘れようとしなくていい。「次の成功のためにうまくその記憶を活かしつつ、次のことをもっと早く回していく」という意識を持つ**。そうしてるうちに、いつのまにか以前のことなど気にならなくなってくる。

だから、次の失敗も恐れなくていい。もしまた失敗しても、その次のためにうまく教訓を活かせばいいし、次にチャレンジしているうちに、いずれその失敗の記憶も薄らいでいくのだ。失敗は、健全な成長のために必要な糧だ。失敗が多い人ほど挑戦しているといえるし、経験の総量も多くなる。失敗の記憶をうまく活かし、自分の成長を早め、どんどん次へとチャレンジしていこう。

まとめ

失敗を忘れられないのは、仕事においては長所で、人からも信頼される。失敗の記憶を、次の仕事の成功のためにうまく活かす意識を持つこと。そうしているうちに、過去の失敗の記憶は自然に薄れていく。

work

今、忘れられない失敗はあるだろうか？　その中で、「次に活かせるポイント」を書き出してみて、仕事や生活において実践できるようにしよう。

・忘れられない失敗

（　　　　　　　　　　　　　　　）

・次に活かせるポイント①

（　　　　　　　　　　　　　　　）

・次に活かせるポイント②

（　　　　　　　　　　　　　　　）

rule 25

スランプになってもできることはある

人生、調子のいいときばかりならけっこうだが、スランプになることは誰にでもある。これは、どんなに優秀な人でもそうだろう。どうしても、伸びない、なぜかうまくいかない、そういう不遇な時期は訪れてしまうもの。それは、誰にも避けられないことだ。

だからこそスランプのときには、「これは本来の自分ではない」などとは思わず、「スランプも人生計画に織り込み済み」くらいの姿勢で向き合ったほうがいい。そう考えることにより、突然の不調にも冷静に対処することができ、時間の浪費を避けられる。調子のいいときだけが本来の自分ではない。調子のいいときも、悪いときも、その両方が本当の自分であり、自分の真の実力とはそれらの平均値にすぎないのだ。

スランプのすごし方

スランプの時期には、あせって、好調なときと同じように動こうとしないほうがいい。

無理をして好調時レベルのパフォーマンスを目指しても、なかなかいい結果も出ず、結局は自信を失う結果にもなる。スランプの時期には、できるならば「結果」ではなく「準備」や「成長」を意識して動いたほうがいい。そうしたほうが、長期的なトータルとしてはいい結果が出るものだ。

そのためにはまず、**自分自身を客観的に見る力が必要だ。今の自分が好調なのか、不調なのかを冷静に判断する。**そして、不調だと感じたときは、その状態を素直に受け入れるのだ。不調なときには、無理をしなくてもいい。休息も、いつもよりも多めに取ったほうがいいだろう。そして、あまり深く考えないで済むような、「地味なこと」をひたすらやりつづける意識を持つ。

好調なときには、地味なことはあまりやりたくないものだ。もちろん基礎を磨くことは常に大切だが、せっかくの調子のいい時期、自分の知らない世界へ飛び込んだり、新しいアイデアを実行したくなるもの。それで結果が出るのであれば、好調をチャンスとして活かすのはいいことだと思う。

そしてそう考えれば、逆に、不調時も別の意味で「チャンス」だといえるのだ。好調なときにはついスキップしてしまうような、地味なことをじっくり積み重ねるのにベストなタイミングだと考える。時間をかけて取り組むべきこと、基本的なインプットを続けること、そういうベーシックなことに時間を使えばいい。スランプの時期のすごし方は、人の成長に大きな影響を与える。無理して空回りをするだけよりも、「基礎を積む」ことに振り切ったほうが、より有益な時間をすごすことができるはずだ。

大それた目標よりも、小さな目標

スランプのときに大切なのは、「大きい目標」は、いったん脇に置いておくということだ。

自分の行動様式を少し変え、「目の前の小さな目標を追ってみる」というマインドを意識するとうまくいくことが多い。人間、大きい目標を追うためには、大きな精神力を必要とするものだ。

もちろん、人生に掲げる大きい目標は維持したままでいい。でも、それ自体を追いつづけるというより、「今は、そのためのツールを磨いておく時期だ」という意識を持つのだ。高い山を登るモチベーションが持続しなくても、そのための道具を手入れするということであれば、より身近な達成イメージを持ちやすいはず。このタイミングで道具を強化しておくと、また再び山を登るとき、速度とパワーはぜんぜん違ってくる。

小さく動くことが大切

スランプ時にいちばん避けたいことは、「何もできずに動けなくなってしまう」ということだ。目指すものが遠すぎると、そんな状態におちいりがちになる。だから不調なりに、そういう自分に最適と思える、身近な目標を再設定してみるという工夫が必要だ。

そして、まずは小さなステップを自分で作り、自らのエンジンをかけていくという気持ちを持つ。僕が長年実践している、「動きたくない」と思ったときの必殺技がある。「よし！」などと声を出し、ダッシュして無理やり目の前のことを1つ片づけてしまうのだ。

1つだけでも用件をこなすと、自然に、次も手をつけようという気になってくる。ものすごく原始的でバカらしく思える方法だが、このメソッドは非常に効く。モチベーションは、自分で動いている内に自分の中で再生産されていくのだ。小さな目標を設定し、まずはそれを1つだけでも達成する。その意識が、のちの自分を大きく動かしていくのだ。

スランプはつらいものだけれど、その時期をどうすごすかが、人生を決める。大げさではなく、これは本当のことだ。不調な時期も、大事な自分の人生の一部だ。その時期にできることをきちんとやっていくことが、その後の大きな成功を実現させることになる。

まとめ

スランプだと感じたら、好調時とは意識を変えてみる。大きな目標はいったん脇に置いておき、目の前の、地道なことをこなしていく。その行動が、のちの大きな飛躍のための重要なステップとなる。

work

自分がスランプのとき、やっておくべき「地道なこと」には何を設定すればいいだろうか？　長期的な成長のため、ベストなものを考えておこう。

・スランプ時にやっておくべき「地道なこと」（　　　　　）

rule 26

戦略的に休む。休むときは本気で休むことが大切

現代のビジネスパーソンは、ほとんどの人がオーバーワーク気味だといえるのではないか？実際、「もっと休みたいな」と思っている人は多くても、「仕事が足りない。もっともっと働きたい」と心から思っている人はあまりいないはずだ。必要に迫られるからこそ長い時間働くが、「労働に使うべき適正な」時間を考えたとき、多くの人は働く時間が長すぎる。

人類が誕生してから、農業が始まるまでの長い長い時代、ヒトは狩猟と採集により生きてきた。そして、最新の研究によると、「食う」ために必要な労働時間は、今よりもはるかに短かったそうだ。もし短時間労働が人類のデフォルトだとするならば、今の社会は、われわれにはかなりつらいものだといえるだろう。起きている時間のうちのかなりの量を仕事に費やし、それがあたり前という世界に生きているのだから。

だから、「休む」ことは、人間にとって極めて大切なことだ。いかにきちんとした休息を確保し、そのクオリティを上げるかということは、仕事のパフォーマンスにも大きくか

かわる。あたり前だが、休むことは決して「悪」ではない。必要にして十分な休息を取ることは、1人の大人としての責任でもあるのだ。そう考え、堂々と、質の高い休みを確保することが大切だ。

もちろん、「ここぞ」というとき、全力を出したほうがいい場面もあるだろう。しかし、仕事には必ず波があり、自分のがんばりどころではないタイミングもあるはずだ。そういうときにまでテンションをゆるめず、メリハリをつけない仕事をしていると、いざというときに力を出すことができなくなってしまう。だから、「休む」時間もスケジュールにきちんと組み込み、戦略的に休息を取るべきだ。自分のピークをどこに持ってきて、どこで回復させるのか。休息を取るタイミングも含めた、トータルのリソース配分が重要なのだ。優秀な人は、このコントロールがとてもうまい。

また、「自分の状態」をしっかりと見極められる力は大切。もしコンディションがベストでない場合、それを認める勇気も大事だ。生身の人間である限りは、いつも計画通りの体力と精神力を維持できるとは限らない。さらには、スケジュールに休みを組み込んでいるからといって、それで安心してはいけない。往々にして、計画で見積もっているよりも、自分の体は順調に動いてくれないものだ。体調を崩すこともあるし、病気にかかる可能性もあるだろう。知らない間に、精神に疲労が蓄積していくこともある。

だから、**休息を計画に組み込むのはもちろん、もし想定よりも疲れていると感じたら、いつでも「休む」ことが大切だ。**だから、仕事の計画にも、必ずそのためのバッファを考慮する必要がある。「自分はいつも元気にフル稼働できるはず」という前提の計画は、いずれどこかで破綻する。しかし、そのような前提で計画を作ってしまうことはよくある。そうではなく、想定以上の疲労や体調不良に備え、必ず、どこかで臨時に休めるような仕事の組み立て方をしなければならない。

「睡眠」は絶対に減らしてはいけない

睡眠は、最高の休息だ。しかし現代人の多くは、そもそもの睡眠時間が足りていないといわれる。自分でも気づかないうちに「睡眠負債」を蓄積させていて、それが仕事のパフォーマンスを低下させてしまうのだ。一概に「起きている」といっても、その状態は一様ではない。睡眠不足が溜まっている状況では、たとえ目は開いていても、脳がうまく働いていないのだ。それにもかかわらず、一部では睡眠時間の少ない「ショートスリーパー」に憧れるような風潮があり、ＳＮＳでもそのことをアピールしていたりする。個人的には、これはかなり危険だと思っている。そういう人は「起きている時間が長いほど仕事が進む」と考えるが、パフォーマンス効率を考えれば必ずしもそうでもない。表面上はうまくいってるように見えても、疲労や睡眠不足が溜まり、いつか、それらが一気に健康を脅かすこともあるのだ。

僕と同世代の経営者仲間でも、昔から「オレは睡眠時間が短い」と自慢する人が多かった。しかしその後、そういう人たちは順に体を壊していった。ある社長は、完全に戦線を離脱し、役員以下のメンバーに経営を任せたまま数カ月もの入院生活を余儀なくされた。医者からは、あまりに睡眠時間が少なかったことについてひどく叱られたとのこと。その後、幸いにして回復したが、その間、経営的にも大きなロスを生んでしまった。本人は深く反省して、今は十分な睡眠を取っているそうだ。

自分自身のケアを怠らず、十分な休息や睡眠を取り、体力と精神力をキープして、初めてコンスタントにパフォーマンスを発揮することができる。「休むことも大事な仕事」——このことを忘れずに、いつもしっかりとした休息を取ることを心がけよう。

まとめ

休むことは「悪」と考える習慣は捨てよう。戦略的に休んでこそ、仕事でのパフォーマンスを維持することができる。きちんと休むことは、大人としての重要な責任だ。

work

自分自身の体調を、できるだけ客観的に把握する習慣を身につけよう。体調や精神力が低下してきたとき、自分に表れるシグナルはどういうものだろうか？　言語化しておこう。

・シグナル①
（　　　　）

・シグナル②
（　　　　）

・シグナル③
（　　　　）

第3章

良質な人間関係力を育てるための13のルール

rule 27

コミュニケーションでは「信頼」「感情」「論理」の3要素を意識する

コミュニケーションは、難しい。なぜなら、「これだけに気をつければ大丈夫」という、わかりやすい指針がないからだ。初めて言語が生まれた太古の昔より、人類はコミュニケーションに多大な苦労を経験し、そして、多くの工夫を重ねて改善してきた。コミュニケーションにおいて大切なのはテクニックではなく、問われるのは人間としての総合力だ。

しかし、単に「コミュニケーションには総合的な力が大切だ」といわれただけでは身もフタもなく、どうすればいいかもわからない。なのでここでは、本来は非常に複雑な要素がからみ合って成立する「コミュニケーション」というものを、大切な3つの基本的な要素に分解したうえで考えていきたい。

コミュニケーションを構成するのは、主に「信頼」「感情」、そして「論理」の3つの要素だ。この3つをバランスよく満たすことが、円滑で効率的な意志疎通を可能にする。これは、2000年以上も前に、哲学者アリストテレスが弁論のために必要な要素として説いていたものだ。しかしこの考え方は、弁論だけに限らず、人と人とのコミュニケーション全般に適用できる、非常に有用なものだといえる。

まずは相手に「信頼」してもらうこと

コミュニケーションの基本中の基本となるのが、まず「自分という人間を信頼してもらう」というプロセス。これがなければ、3つの要素のうちの残り2つがあったとしてもコミュニケーションは機能しない。信頼関係ができていない相手の話は、たとえそれがどれだけ素晴らしい内容だったとしても、心から信用して聞くことができないのだ。

たとえば知人から、何かのプロジェクトを一緒にやろうと持ちかけられたとする。そのプロジェクトの内容自体ももちろん大切だが、その前に、まずは相手への信頼が最も重要だ。普段からあまり信用できないと思ってる人物からのオファーだと、いくらプロジェクトの内容が良く思えても、怖くて乗れないものだ。

逆に、普段からとても信頼している人からのオファーだと、話をすべて聞き終わらないうちに「OK、やるよ」と返答することもある。たとえ、プロジェクトの内容に少し課題があるように見えても、「この人が企画するのだから、きっと解決できる道があるだろう」

と思えるのだ。それくらい、コミュニケーションの前提となるお互いの信頼関係は重要だ。

人に動いてもらうには「感情」が大切

人は、基本的には感情の生き物だ。いくらロジックが正しいとわかっていても、それだけでは心は動かされない。心が動かないと、真剣に行動に移そうとはしないのだ。ビジネスは、一見、論理で動くように見える。「お金」を媒介とした、厳密な損得の世界といえるから。しかし面白いのは、そのビジネスを動かす「人」は、決して損か得かというロジックだけでは動かないということ。AとBという選択肢があって、明らかにAのほうが儲かる話であっても、相手が気に入らないなどの理由があると、儲からないほうのBを選んでしまう。そして、そういうことは決してまれではないのだ。

そしてその傾向は、近年特に高まりつつある。ビジネスの世界においても、企業は単に利益を追求するだけではダメだ。**人の心を動かすには「ビジョン」が必要。そしてこのビジョンこそが、会社の永続的な成長にとって、最も重要なものなのだ。**

ビジョンは、会社の話だけにとどまらない。個人と個人の関係においても同じだ。たとえば、ある商品を買ってもらいたい営業担当者がいたとして、その商品のスペックやコストパフォーマンスだけをアピールしても、顧客はなかなか心を動かされない。その商品の持つ背景やストーリー、そして営業担当者個人の思いなどが十分に伝わって初めて顧客の心が動き、その商品を手に入れたいという気になるのだ。

正確なコミュニケーションのための「論理」

この「信頼」と「感情」の2つの要素はとても大切だが、それだけではまだ不完全だ。効率的で効果的なコミュニケーションを実現させるためには、「論理」の存在が欠かせない。

いくら信頼できる相手から感情を揺さぶる話を聞かされたとしても、もしその話が論理的でないとすると、残念ながら内容を正確に理解することが難しくなる。これは起業の世界でもよくある話だが、いくらビジョナリーで情熱があふれる起業家でも、プレゼンテーションで結局何が言いたいのかがわからないことがある。

その起業家が非常に好人物で、やる気と情熱を応援したい気持ちはやまやまなのだが、話が正確に理解できないと、結局はこちらも具体的な行動を取ることができない。リスクが大きすぎるのだ。「論理」的であることは、相手の時間をムダにしないことにもつながる、コミュニケーションにおいてとても重要な要素だ。

「信頼」「感情」「論理」、この3つがすべてそろったときに、理想的なコミュニケーションを実現させることができる。いつも、これを意識しておこう。

まとめ

コミュニケーションにおいては「信頼」「感情」「論理」の3つの要素をそろえることが重要。相手に信頼され、相手の感情を動かし、相手に論理的に伝える、それらをいつも意識しよう。

work

「信頼」「感情」「論理」、この3つの要素を高めるために、普段から意識したり努力すべきことはなんだろうか？　言語化し、常に考えるようにしよう。

- **信頼してもらう（　　　　）**
- **感情に訴える（　　　　）**
- **論理的に伝える（　　　　）**

rule 28

弱みは克服しようとせず、ほかの人に補ってもらう

多くの人は、「自分の弱みを克服しなければならない」という思いを抱えながら生きている。自分の得意とするところではなく、弱いところ、どうしてもそっちのほうに目がいってしまう。そしてその「弱み」が大きなコンプレックスとなり、自分に自信が持てなかったり、勝負しなければいけない場面で腰が引けてしまったりする。

皆さんもこれまで、「この欠点さえなければなあ」と思い悩み、暗い気持ちになってしまったことはないだろうか？　多くの人が経験していると思う。僕自身も含めて。

しかし、「弱みを克服しなければならない」という考えは、本当に有効で、正しいのだろうか？　小学校や中学校時代、通信簿で特定の科目に低い評点がついたとき、それをなんとかしなければと思わされた過去の呪縛、そういうものに支配されてはいないだろうか？

「強みをより伸ばす」という考え

学校教育の現場も今では変わりつつあるようだが、やはり昔から、「すべてのことを平均以上にできるのが理想」という考え方がこの国では支配的だ。海外で仕事をしたとき、そのことを身をもって痛感した。人に誇れるような強み、たとえば足が速いとか、ものすごく絵がうまいなどという素晴らしい力を持っていたとしても、国語や算数の評価が1とか2だった場合には「勉強のできない落ちこぼれ」というカテゴリーに入れられてしまう。

有名なスポーツ選手やアーティスト、起業家や研究者にも、小中学校時代にそのような「落ちこぼれ」として扱われた経験をした人は多い。しかしその後、彼らは幸運にも、なんらかのきっかけで自分の「強み」となる優れた能力に気づき、それを伸ばすことによって世の中に素晴らしい価値を残せる存在になった。

しかし、もし不幸にも、彼らが「徹底的に不得意なところだけを克服させられる」という環境にいたままだったとしたらどうだっただろう？　きっと、今のような素晴らしい仕事や業績を残すこともなく、単に「平均的を目指すごく普通の大人」として、社会のどこかに埋もれたままだっただろう。人類や社会に残したその大きな価値が、ひょっとすると存在していなかったかもしれないという、とても怖い事態だ。

しかし残念ながら、実際にこういうことは、目に見えないところでものすごく多く発生している。本当はもっと特別な価値を発揮していたはずの人が、今はごくごく平凡な人としてひっそり生活しているというケースは数え切れないほどあるだろう。あなたも、「もしかしたら、自分が何かの世界で大活躍する有名人になっていたかもしれない」という可能性を、完全に否定できるだろうか？

「チーム」として考える

「弱みを克服することだけに目を向けてしまい、本当は発揮できていたはずの価値ある能力を伸ばせなかった」という大きな損失は、決して「過去を惜しむ」だけの話ではない。自分自身の人生にあてはめると、今、これからにも同じく適用される考え方だ。だから、今もし自分に何かの弱みがあると認識していても、それをカバーするためにムダに時間を使うのではなく、**強みと認識できている部分をもっともっと伸ばす**――そういう意識で生きたほうがいい。

そもそも会社組織というのは、それぞれが得意な分野を持ち寄って、チームとしての総合力で勝負すべき集合体のはずだ。もし、みんながみんな平均的な、同じような力を持っていたとすると、1つのチームとして集まる意味がない。同質の人が同じ組織に集まる意味があったのは、高度成長時代、同じ品質の商品やサービスを、同じレベルの人びとが大量にルーティンで回す必要があったときの話だ。

大きな会社だとまだそんな考えが支配するところも多いし、また、「ジョブローテーション」を人事政策の中心に据えている場合、どうしても「すべてのことを平均的にできるべき」という考えになりやすい。こんな、まるで「学校」みたいな会社は、まだまだたくさんある。

弱みは人に補ってもらえばいい

もし弱いところがあるのであれば、それをがんばって克服して「平均的な人材」を目指すのではなく、チームでお互いに補い合えばいいのだ。これは、会社のマネジメントという文脈にとどまらず、個人としてのキャリア戦略、生存戦略にもあてはまる。自分の弱みをサポートしてくれる、頼もしい仲間をいかに増やせるか――それがとても大切だ。

そのときに考えるべきは、自分が、「人から助けてもらえる人間かどうか?」ということ。

他人に弱みを補ってもらうため、「自分としてはどうふるまうべきか?」「何をすべきか?」、そのことをしっかりと考えるようにしたい。

まとめ

「自分の弱み」を克服するのには時間がかかり、効率も悪い。だから弱みは人に補ってもらうことを考える。そしてそのために、「自分としては何ができるか?」「何をすべきか?」を考える。

work

自分の強み、弱みをきちんと言語化して把握しているだろうか? 文字に書き出してみよう。

・**強み**（　　）

・**弱み**（　　）

自分の弱みを補ってもらうために、自分のほうからできる行動や貢献はどんなものだろうか?

・**自分から他者に貢献できること**（　　）

rule 29

「他者から応援される人」になるためには

世の中、優秀な人ばかりが成功できるわけではない。むしろ、ものすごく優秀な能力を持つのに、いつも成功とはほど遠い人は多い。逆に、それほど優秀というわけではなくとも、「自分には能力が足りない」と自覚している人が、経営者として大成功しているようなケースは多々ある。それはなぜか？　まさに「自分は完璧ではない」という思いを持っているということ。その自覚をしていることが大切なのだ。

人生の成功の鍵は、自分自身が優秀かどうかというより、「いかに人に応援してもらえるか」ということにある。この複雑化した社会において、1人だけで成し遂げられることなどたかが知れている。人から応援され、助けられ、初めてそれなりに大きなことを手がけることができる。逆に、いかに当人が優秀であったとしても、まわりから支持されない人は必要な力を集めることができず、大きな成功を望むことはできない。1人の力では何もできない、まさにそういう時代だ。

「他者から応援される」人とは、いったいどういう人なのか？　その共通項といえるものを見ていこう。

素直にミスや失敗を認め、反省できる人

人は、誰でも失敗するものだ。しかし、失敗を正面から受け止め、反省することはとても難しい。そしてそれは、昔から「優秀」といわれつづけてきた人にとっては、特に難易度が高いことがある。自分の失敗を正面から認めることはプライドが許さず、ついあれやこれやと言い訳をして自分を正当化してしまう。これは、年を重ねたり、組織の中で昇進したりするほどその傾向が強くなる。だからこれは、多くの人にとって、常に注意しなければならないことでもある。

自分の失敗を認めることは勇気がいるけれど、それができる人は、人から信頼される。

あれこれ弁明して意固地になる人よりも、たとえ1回の失敗があったとしても、「この人なら次は大丈夫」という安心感が持てるからだ。失敗を認め、その反省を次に活かそうとする人には、こちらからも積極的に手を差し伸べられる。そしてそれは、より多くの人の貴重な力を借りられるということにつながる。自分の足りない部分を他者に補ってもらう

ことにより、自分1人だけのときよりも、何倍もの価値や成果を出すことができるのだ。

他者の気持ちがわかる人

他者の気持ちを理解する能力はとても大切。優秀な人がおちいりがちな良くないパターンは、他人に対して「なんでこんなに簡単なことができないの？」と思ってしまうことだ。自分がこれまでいろいろとできてきたために、できない人の心理が理解できないし、しようともしない。だからつい独善的になってしまったり、あまつさえ、自分以外のまわりの人をバカではないかと軽んじてしまったりする。

しかし、そういう人でも、何から何まで完璧というわけではないはずだ。困った人、弱い立場の人の気持ちに無関心だと、そういう人たちからまったく支持されないし、心を閉ざされてしまう。そうなると、いずれ自分が窮地におちいったときに、誰からも助けてもらえなくなってしまうのだ。

人の気持ちを理解しようとする姿勢はとても大切だ。人に対して「共感」できる力がこれだけクローズアップされる時代。人の心を思いやり、困っている相手には手を差し伸べようとする、そうした姿勢を持つ人にこそ、まわりにいる多くの人から手が差し伸べられる。仕事は1人でやるものではなく、常にチームの力で成し遂げるもの。その考え方を忘れてはいけない。

いつも前向きな気持ちを持っていること

何か不満があると、まわりに愚痴をこぼしてばかりの人がいる。自分のつらさを訴え、他者に共感してもらいたいのだろう。しかしそういう行動が、皮肉にも、自分から人を遠ざけてしまう原因になる。愚痴を聞いてくれる人はみな優しいので、少なくとも表面的には共感を示してくれるかもしれない。しかし、これからも積極的に応援してもらえるかというと、話はまた別だ。普通、人は後ろ向きな人よりも、前向きな人を応援したくなるものだ。

いつも後ろ向きな姿勢を見せる人には、だんだんと人が寄って来なくなる。たとえ何か失敗をしたとしても、すねず、腐らず、できるだけ前向きであろうとする人を、まわりは応援したくなるもの。だから、**何があっても、少なくとも気持ちだけはできる限りポジティブであろうとすることが大切だ。**もちろん、それでもつらいときはつらいし、気分が落ち込んでしまうこともあるだろう。しかしそのあと「少しでも良くなりたい」という姿勢を自分なりに持とうとすること。その努力こそが大切だと思う。

まとめ

他者から応援されるようになるためには、①自分のミスを素直に認め、②他人の気持ちを思いやり、③自分なりにいつも前向きであろうとすることが大切。仕事は1人でするものではなく、人の力を借りなければ、大きなことを成し遂げることはできない。

work

「①自分のミスを素直に認め、②他人の気持ちを思いやり、③自分なりにいつも前向きであろうとすること」の中で、自分にいちばん欠けていると思える要素はなんだろうか？　また、その欠けている要素を補うため、どういった具体的な努力ができそうか？　言語化してみよう。

- **自分に欠けている要素**（　　　）
- **今日からできそうな具体的な努力**（　　　）

rule 30

人に相談をする目的は、「回答を得ること」だけではない

悩みというものは、自分で抱えているだけではなかなか解決しないものだ。1人で悶々としていると、グルグルと同じところを回るだけになってしまう。かといって、人に相談したからといって誰かが適切な回答をくれるとは限らないと思い、相談することをためらってしまう。それでまた、1人で延々と同じ悩みを頭の中で繰り返す——こういうループは、多くの人が経験したことがあるのではないだろうか?

しかし、である。悩みや課題を自分だけで解決しようとせずに「人に相談する」ことの目的は、相手から答えを教えてもらうことばかりではないはずだ。むしろ人に相談するということは、答えを得られるというメリットより、「自分自身の思考を整理する」こと自体に意味がある場合も多い。何かを教えてもらおうと思って人に相談し、その内容を説明しているうちに、「相手から答えを聞く前に考えがクリアになってしまった」ということ

はよくあるはずだ。

これは、人に相談するときに、自分のモヤモヤとした考えを「言語化」するというイベントが強制的に発生しているからだ。そもそも、解決できずに頭の中で凝り固まっている悩みというものは、自分の中でもまだきちんと整理できておらず、言語化できていない場合が多い。だから原因と結果がごちゃまぜになっていたり、自分に動かせるものと動かせないものが切り分けられていなかったりして、解決の糸口さえ見出せない状況になってしまっている。

しかし、人に相談するというプロセスを経ることにより、そのこんがらがった「課題の塊」を、1つずつ解きほぐしていくことになる。そのために必要なのが、自分の頭にある考えを「言語」に変換することだ。言語化しなければ、他人には自分の頭の中身を説明することができない。

そしてその結果、言語化という過程が、「人に伝える」という本来の目的を達成する前に、「まずは自分自身にわかりやすく状況を説明する」という役割を担うことになるのだ。だから、人に説明しているうちに、悩みの構造が理解できてしまい、自分自身で答えを見つけるに至るということが起きる。

悩みは、「誰に相談するか」がとても重要

悩みを人に相談するときは、「適切な人を選ぶ」ことがとても大切だ。いちばんダメなのが、「よく内容も聞かずに、ただやみくもに答えを返してくる」ような人。こういう人は世の中に一定数存在する。「一を聞いて十を知る」とは自分のことだという自負があって、相手に「正しい答え」を教えてあげよう、ということばかりを考える。

もし、その人の能力が本当に高ければ、その人からの「答え」の中に正しい解が含まれていることもあるだろう。しかし、それはあくまで確率論であり、運悪く、それがまったく的外れで自分のためにならない回答という可能性もある。「反射的に答えた回答」が正しいかどうかなんて、誰にもわからないのだ。

また何より、相手に答えをまかせ切りというスタイルの相談に慣れてしまうと、自分自身の考える力が育たなくなってしまう。いつも答えだけを求める姿勢だと、「自分の課題をきちんと言語化する」過程もおろそかになり、自分自身の把握や理解も、深みのない、表面的なものに終わってしまう。

だから、相談する相手は、まずは真摯に自分の話を聞いてくれる人のほうがいい。「傾聴」してくれる姿勢がとても重要なのだ。すぐに表面的な答えを出そうとするのではなく、人の話をきちんと聞いて、一緒に悩んでくれるような人。そんな人がベストだ。そういう人は、答えの一方的な押しつけではなく、相談する側とされる側で「会話」をしながら一緒に課題を解決してくれる。そうやって得られた答えは本質に近いものが多いし、また、自分の言語化力、そして、「考えられる力」を深めることができる。

自分が相談されたとき

このように見れば、逆に今度は自分が人から相談を受けたとき、相手に対してどのような姿勢を取ればよいかもよくわかる。相手の話を少し聞いただけで自分が知る範囲の「インスタント」な答えを返すようでは、良い相談相手になれないかもしれない。自分の経験が増えれば増えるほど、知らず知らずのうちにそんな行動を取ってしまいがちなので注意が必要だ。

本当に優秀な人ほど、相手の悩みに対する自分の理解度や、自分の持っている知識を過信しない。せっかく相手に信頼されて相談を受けたのなら、あくまで謙虚に、「相手の課題に一緒になって向き合える」、そういう姿勢が理想だ。

まとめ

人に相談するときは、安易に「答え」だけを求めてはダメ。相談する過程での「自分の悩みの言語化」に注意し、自分の思考を深める努力をすること。

work

今、自分が抱えているいちばん大きな課題はなんだろうか？　それを、自分自身でわかりやすく言語化してみよう。

・今、自分が抱えるいちばん大きな課題

（　　　　）

・それを、できるだけ具体的にかつ詳細に言語化してみる

（　　　　）

rule 31

人を動かすには、自分だけの「ストーリー」が大切

これだけモノやサービスがあふれる時代、情報もあちこちにあふれている。もしも人を動かしたいと思うのであれば、単に機能、便利さ、利益だけを訴えてもダメだ。本気で人に動いてもらうために大切なのは、自分自身が「ストーリー」を持ち、そしてそれをきちんと相手に伝えられること。その相手が、目の前の1人であろうと、チーム全体であろうと、もっと大きな「社会」が対象であっても同じだ。

なぜなら、**これからの時代においては「共感」が重要なキーワードになるからだ。共感して、人は初めて自分から動こうとする。そのために大切なのが、心を動かされるようなストーリーだ。**語られたストーリーによって、人は深く共感し、自分から動きたいと思うようになる。

そういった、人々の「本気の行動」をどれだけ起こせるか。それが、これからの仕事の成果を大きく左右するようになる。

それでは、人を動かすことのできるストーリーとは、いったいどういうものだろうか？嘘っぽい話、押しつけがましいものではむしろ逆効果になってしまう。それは、聞き手の心に素直に響き、「応援したい」と思ってもらえるようなものでなければならない。自分の存在が認識され、そして人とのつながりが作られる。そんなストーリーの特徴を考えてみよう。

押しつけではなく、本当に相手に響くもの

ストーリーは、自分が語りたいことを一方的に押しつけるようなものでは意味がない。まず、**「そのストーリーを伝えたい人はどういう人なのか？」「誰に向けて語りかければいいのか？」**を明確にすること。そして、その相手と会話をするように、気持ちを確かめながら自分のストーリーを伝える意識を持つことが大切。

そのためには、相手の関心のあること、不安に思っていることを知ろうとする姿勢が必要だ。こちらが語る前に、まずは相手の話を聞くというつもりで。ストーリーを語ることは、一方的なコミュニケーションではなく、あくまで双方向のコミュニケーションだ。「相

互理解」を強く意識することによって、ひとりよがりではない、相手に本当に響くストーリーを伝えることができる。

謙虚で、人間味があるもの

人に伝えるストーリーといっても、「完成された、美しい物語」である必要はない。あまりにドラマチックで、あまりに完璧なストーリーを聞いたところで「それは本当なの？」と白けさせてしまうのがオチだ。そうではなく、等身大の自分を、ありのままに見せられるものであったほうがいい。

たとえば、人は普通、自分の「失敗談」はあまり語りたくないもの。なぜなら、少しでも他人に良く見てもらいたい、という欲求があるからだ。しかし、人が本当に聞きたいのは、他者の成功談や自慢話ではなく、むしろ失敗した話のほうだったりする。自分の失敗を話せる人は真に謙虚な姿勢を持っているとわかるから、好感も持てる。これからの成長の可能性を感じさせ、今後にもさらに期待したくなるのだ。

自分が失敗した話、そして謙虚な言葉は、ストーリーに信頼性を持たせる。いつも自分が正しいと言うつもりなどなく、新しいことを学び、必要であれば方向転換もする――そういう姿勢が相手に伝わるからだ。人間味のある、謙虚なストーリーにこそ、人は本当に動かされるものだ。

聞くと応援したくなるもの

また、ストーリーは語り手1人で完結するものではなく、「聞き手をうまく巻き込む」ものであったほうがいい。どれだけすばらしい物語だったとしても、それがもし相手にまったく関係のないものだとしたら、「感動しました。以上」で終わってしまう。そうではなく、「自分も動きたくなった」「自分には何ができるのか?」と思ってもらえるほうがいい。

SNS時代の物語とは、1人で完結するものではなく、「聞き手と一緒に作り上げる」ものである。相手に、「自分もそのストーリーに参加したい」という強い気持ちを起こさせることが、その次の行動や、決断につながるのだ。

良いストーリーを語るためには、多くの練習の積み重ねが必要。しかし、自分だけの良いストーリーを語ることができれば、関心を持ってくれる人が増え、それが自分にとっての大きな力となる。

まとめ

人を動かすには「ストーリー」が大切。そのストーリーは、「①本当に相手に響くもの」「②謙虚で、人間味のあるもの」「③聞くと応援したくなるもの」であるべき。ストーリーによって得られた他者からの共感は、自分の大きな力となる。

work

自分という人間を他者に説明するとき、「ストーリー」として語れるものはあるだろうか？　短くてもいいので、きちんと言語化して、いつでも人に伝えられるようにしておこう。

・自分を説明するストーリー（要約）

rule 32

人に認められようと思って、無理に自分を作らない

人は、誰かに認められたいものだ。人間が社会的な存在である以上、多くの人にとってそれは自然な欲求であるはず。人から認められると、自分の意見がもっと真剣に受け止められるようになる。そのぶん、自分の影響力も増し、チームや組織の中でもさらに活躍できるようになる。自分の本当の価値を発揮するためには、まずはまわりから「1人前」だと認められることがその第一歩だ。

しかし、他者に認められたいと考えるあまりに、自分を過度に大きく見せたり、無理をして過剰に作ってしまう人がいる。そしてこの傾向は、SNS社会においてより顕著になってきている。自分の経歴をあからさまに盛ってしまったり、他人に対していつも勝とうとしたり。こうしたふるまいが行きすぎるとそれは逆効果となり、まわりからは不誠実な人間だと映ってしまう。そうなると、人から認められるどころか、逆に誰からも相手にされなくなってしまうだろう。

人から認められるために大切なのは、まず「自分自身に正直」であること。自分を大きく見せようとするのではなく、他者と強い信頼関係を築く努力をすることだ。それは、表面上のスペックなどではなく、人として本当に交流する価値があると思ってもらうこと。そういう関係にこそ、本当の意味があるはずだ。そのような関係性を構築するには、いったいどうすればいいのだろうか？

まずは自分から、他者を認めること

人から認められようとするあまり、「いつも自分ファースト」になることがないように戒めよう。四六時中、「自分が、自分が」とアピールするような人はまわりにいないだろうか？　そのような人は、うるさい人だと思われて他人から距離を置かれてしまう。完全に逆効果だ。そうではなく、まずは自分のほうから積極的に他人に関心を持ち、認めようとすること。そういう姿勢が大切だ。

他人の立場になってみて、「今の関心事はなんだろうか？」「何に刺激を感じているだろうか？」「どんな不安を持っているだろうか？」などを想像してみる。他人に対する好奇心を強く持つことは、自分と相手の間に、これまでよりも強いつながりを構築することにつながる。

自分を認めてくれる他者は、自分も積極的に認めたくなる。それが人間関係の大原則だ。だから、いつも自分が先ではなく、相手のことを優先するという気持ちで。フラットな姿勢を持ち、心をオープンにする。「あなたのことを知りたい」という気持ちが相手に伝われば、相手も自然に自分の話を受け入れ、興味を持ってくれるようになる。人から認められるには、この順番が大切だ。

他人の意見やフィードバックを素直に受け入れる

人からもらった評価が、自分の持つ理想やセルフイメージと違った場合、それを素直に受け入れるのはなかなか難しいことだ。しかし、他者が自分にどのような印象を持っているかを積極的に知ろうとし、それを正面から受け止め、そこから学ぼうとする姿勢はとても大切だ。自分を客観的に見られる勇気と力のある人が、より良い自分になるために適切に軌道修正し、自分の中のバランスをうまく育てることができる。その結果として、人からの信頼を獲得しやすくなるのだ。

そのためには、人に、自分に対する意見を積極的に求めてもいい。「自分に改善できるところがあるとすればどこか」ということを、信頼できる人に聞いてみればいいのだ。その質問、そして改善を重ねることにより、より理想とする人間像に近づける。さらに重要なのが、他人の意見を素直に聞けるという姿勢そのものが、相手から信頼と好感を持たれるということだ。

自分に誠実であることを大切にする

しかし一方で、人に気に入られようとして、間違っていると思うことにも無条件に賛同していると、結果的に心からの信頼を得ることはできない。それは相手に対して単なるイエスマンになるだけで、重宝はされているようでも、本当に重要な存在にはなっていないのだ。

人は、相手に対して誠実であろうと決心すると、多少の摩擦をも覚悟し、率直に本心を伝えようとするもの。短期的には、その相手との関係が気まずくなってしまうことがあるかもしれない。しかし長い目で見ると、そういう真摯な姿勢こそが、人から本当に認められるための大事な要素になる。**単に表面的に仲がいいことと、相手を心から信頼するということはまったく違うのだ。**

相手の立場に配慮しながらも、自分に誠実であること。そして本当に相手のためになる行動をすること。その姿勢こそが、人から真の信頼を得るためにとても大切だ。

まとめ

人に認められるためには、表面的な自分アピールを慎み、まずは相手を認め、その意見を聞き入れなければならない。さらに、相手に対して、いつも誠実な姿勢を持つことが大切。

work

人に認められようと思うあまり、つい自慢しがちな「表面的なこと」はなんだろうか？　逆に、自分の性格や本質的で、本当に認めてほしいのはどの部分だろうか？　言語化しておき、常に意識しよう。

- **つい自慢しがちな「表面的なこと」（　　　　）**
- **本当に認めてほしい、自分の性格や本質（　　　　）**

rule 33

「以心伝心」を信じすぎないこと。意思の疎通を大切にする

「以心伝心」という考えは、長らく美徳として捉えられてきた。「心と心が通じ合っていれば、ムダな言葉など必要ない」——そういう世界観が、伝統的にはよしとされてきたのだ。しかし現実世界では、そんな理想だけではうまく回らない場合が多い。心が通じ合っているというのは単なる一方的な思い込みで、実は、相手はぜんぜん違うことを考えていた——そんな状況はしょっちゅう起きる。

日本語での会話は、欧米のコミュニケーションに比べてハイコンテクストだといわれる。お互いに前提条件や暗黙知を多く有しているので、皆まで言わなくともわかるということ。逆に、欧米は相対的にローコンテクストな文化なので、前提条件や重要な内容を省略することなく、できるだけ具体的にものごとを伝えようとする。

「ハイコンテクスト」だから、「以心伝心」という考え方が生まれる。「ここは言わなくてもわかっているよね」「伝わるよね」ということだ。だから、できるだけ少ないコミュニケー

ションで意思疎通を済ませようとし、それで十分だと思ってしまう。場合によっては、「皆まで言わないほうがスマートでカッコいい」という考え方すら幅を利かせてしまう。

しかし、仕事における失敗やミスの多くは、「コミュニケーション不足」から発生する。流通する情報の総量が少なかった昔の社会においては、多少は言葉足らずでも良かったのかもしれない。しかし、これほどに情報が増え、不確定要素が多い世の中になると、「相手も自分と同じことを思っているはずだ」という考えは通用しなくなる。その思い込みが仇となり、意思疎通の不足を原因とする、仕事における事故や失敗が発生してしまうのである。

前提条件やあいまいなイメージだけに頼ることなく、きちんと「言語」を介してコミュニケーションを取ることはとても重要だ。しかし、実際には多くの人がこれを意識できていないように見える。自分の考えをできるだけ「正確に」相手に伝えようとする姿勢がないと、なかなか本当には伝わっていないもの。

また、たとえ考えている内容は近かったという幸運な場合においても、優先順位が違うことが多い。優先順位の感覚のズレは、仕事のスピードに大きな悪影響をおよぼす。仕事を取り巻く状況は刻々と変わるものだし、そのため、少し前の優先順位と現在の優先順位は変わっていることもある。しかし、メンバー間で正しくコミュニケーションが取れていないと、正確な状況が共有できなくなるのだ。

コミュニケーションの「頻度」について

人は、コミュニケーションの頻度によって他者への好感度が変わる。疎遠になればなるほど、相手のことがわからなくなり、無用な疑いも増えてくる。だから適切なタイミングで、常に情報を共有しておくことが大切。連絡やコミュニケーションは、「少し多すぎるかな」と思うくらいがちょうどいいのだ。

一方で、「コミュニケーションが多すぎるとさすがにイヤがられないだろうか?」と思ってしまうかもしれない。相手が、「以心伝心」的な考えが好きそうな場合はなおさらだ。

その場合のコツは2つある。1つ目は、「個々の内容は短く、簡潔にする」ということ。長くダラダラとしたコミュニケーションは、それが会話であっても文章であっても相手に負担をかける。頻度を上げる代わりに、1回のコミュニケーションを簡潔にするように心がけよう。2つ目は、「相手からの返事の負担を減らす」ということ。反応を要求するのでなく、「見ておいてもらえればOK」など、やり方を工夫する。そうすれば、相手に過度な負担をかけることもない。

「言語化」の力を磨くことは非常に大切

言葉は、人間活動の根幹だ。人類の進化も、言語とともにあった。だからこそ、自分の考えがしっかりと相手に伝わるよう、言語能力を磨くことはとても大切。

英語などの外国語の学習を続ける大人はいても、母語である日本語については、学校で国語を習った以降に自分できちんと勉強する人は少ない。しかし言語の力は、意識していないとなかなか向上しないものだ。何十年も日本語を読み書きしてきたはずなのに、さっぱり人に伝わらない文章しか書けない大人は多い。

「以心伝心」に頼らず、意識してコミュニケーションの量を増やし、伝える内容も正確になるように努める。普段から、責任のある、確実な意思疎通を実践できるようにしたいものだ。

まとめ

コミュニケーションは、「以心伝心」では足りない。意思疎通の頻度を上げ、正確に伝わる内容を意識し、いつも相手にしっかりと伝える姿勢が大切。

work

仕事において、コミュニケーションのレベルを上げて他者との共通理解を深めるために、どのようなことができるだろうか？　自分なりにできそうな努力を言語化してみよう。

・コミュニケーション施策①

（　　　　）

・コミュニケーション施策②

（　　　　）

・コミュニケーション施策③

（　　　　）

rule 34

伝わらないのは相手のせいではなく、自分が原因だと思うこと

人に何かを説明してもうまく伝わらない場合、それを人のせいにする人がいる。そしてそういう人に限って、「向こうの頭が悪いからだ」などと相手を見下してしまう。でもそういうときに本当に頭が悪いのは、相手ではなく、話している本人である可能性を疑ったほうがいい。

「人に何かしらの考えを伝えること」は、基本的にはとても難しいことだ。テレパシーでも使わない限り、自分の頭にある複雑な考えやイメージを、相手にそのままの形で伝達することはできない。だから、相手との共通のツールである「言語」を駆使し、自分の頭の中の概念をできるだけ詳しく伝えようとする。これは、会話であっても文字であっても同じだ。

ということは、まずは「共通の言葉」を選ぶことが必須となる。しかしここがわかっていない人は、相手の理解レベルなど考慮せず、自分のいる界隈でしか通用しない言葉を平気で使ってしまう。「日本語を話しているので相手にもわかるはず」ということではないのだ。

「専門用語の意味がわからなければ、その都度相手に聞けばいいじゃないか」と思う人もいるかもしれない。しかし、よっぽど関係性ができている相手でもない限り、話をさえぎって言葉の意味を確認するのはとても精神力を必要とする。そういうことに思いがいたらず、自分だけが理解できる言葉をまくしたてるような人は、コミュニケーション力が低いと言われても仕方がないのだ。悪いのは、言葉の意味がわからない相手ではなく、よく考えずにそんな言葉を使う本人のほうだ。

そもそも相手はどこまで知っているか?

また、相手の「理解の前提」を確認しない人もいる。あるトピックについて話をするとき、それがどこまで伝わるかは、相手がその分野についてどこまで知っているかに左右される。しかしそれを確認することなく、相手も当然知っているものと思い込み、前提を飛ばして話をしてしまう。普通、自分と他者の間に、なんらかの知識の差はあって当然だ。もちろん、相手に比べ、自分のほうが知らないこともたくさんある。

だから**大切なのは、まずは、話す内容についての相手の知識レベルを確認すること。そのうえで、どういうレベルで、どのような説明をすれば話が伝わるかを事前に組み立てることが大切だ。**そして、話をしている最中は、常に相手の理解度を確認する。どこまで理解できているかを直接聞いてもいいし、ちゃんと注意すれば、相手の目線やうなずきなどでだいたいの理解度がわかるはず。しかしこのような基本的な確認を怠り、自分のペースだけで話をしてしまう人がいる。そして、「せっかく説明したのに話を聞いてなかったのか」と、相手を非難するのだ。

コミュニケーション力と知識の量は別物

話をうまく伝えられない人は、往々にして「知識量」で人の力を測ろうとするところがある。自分はものごとを知っているから優秀だが、知識がない人は自分よりも劣っているので話が通じないと。しかし決して、知識の量で頭の良し悪しが測られるわけではない。というか逆に、相手が理解できていないままなのに、それでも話を続けるのは頭のいい人がすることではない。**知識量にギャップがあるときは、どれくらいの差があるかを確認しつつ、いちばん効果的な話の組み立てを考える——それができる人こそが、本当に頭のいい人だと言えるはずだ。**

自分の力や知識だけに頼ることなく、仲間の力をうまく借りられるのはこういう人だ。コミュニケーションの本質をきちんと理解しているといえる。コミュニケーションとは、一方的に、知ってる人から知らない人へと知識を伝達することではない。話す人と聞く人が、お互いに協力し、最も効果の高い意思疎通を実現しようとする行為だ。

知識偏重で、本当の意味での良質なコミュニケーションができない人は、人との協力関係を築くことが難しい。相手に合わせた話をすることができないから、自分の知識も、アイデアも、仲間にうまく伝わらないのだ。そしてそれは、相手のことをきちんと考えていないという姿勢に発している。相手の立場をもう少し考えられる人であれば、より良い相互理解ができるよう、もっと相手に合わせた話ができるはずだ。

「話が伝わらない」と思ったとき、相手のせいにするのではなく、まずは自分のコミュニケーションのあり方を反省してみる。そのような姿勢が大切なはずだ。

まとめ

人に話が伝わらないと感じたときは、相手を悪いと思うのではなく、まずは自分のコミュニケーションのあり方を振り返ってみること。相手の前提知識と理解度に合わせ、最も効果的な伝え方を考えるべき。

work

最近、人に「話が伝わらなかった」ことを思い出してみよう。そのときに原因となった、「前提知識の違い」と「どう話せば良かったか」について、もう一度よく振り返ってみよう。

- 伝わらなかった話の内容（　　）
- 異なっていた前提知識（　　）
- どう話をすれば良かったか（　　）

rule 35

人を動かす言葉をきちんと考えよう

人に動いてもらおうと思ったら、「どうやって伝えよう?」ときちんと考えることが大切。自分の要求だけをダイレクトに伝えても、人は思った通りには動いてくれない。あたり前のようにも思えるけれど、この大切な姿勢を、多くの人が意識できていないように思う。

人が動くかどうかは、多くの場合、その人の感情が決めること。状況によっては、一方的な押しつけや命令によって動くこともあるかもしれない。しかしその場合でも、「無理やり動かされた」と感じたのであれば、見えないところで手を抜く可能性もあるし、強要した相手に恨みさえ抱くかもしれない。そんなやり方では、誰も幸せにはならない。これはたとえ、会社の社長と、その従業員という関係であってもそうだろう。

人と議論したり、説得しようとするときも、単に自分の主張する「正論」をぶつけることは有効ではない。正論というのは、とても怖い。こうあるべきだと相手に正論を浴びせかけても、そもそも相手はまったく違う価値観を持っているかもしれないのだ。もしくは、意見の正しさ自体は認めざるを得なくても、その押しつけに反感を持ってしまうこともある。人にはそれぞれの事情があり、バランスを取りながらなんとかやっているのに、「これが正しい」と断言されてもなかなか素直に聞けないものだ。

「正論」だけではコミュニティ運営は成り立たない

「正論」の問題は、コミュニティ運営のときなどにわかりやすく表れる。企業経営だと、お金というわかりやすい共通の軸がある。しかしコミュニティの場合、参加者の思いや価値観は広範囲に渡る。だから運営メンバーは、できるだけ多くの人が満足できるよう、折れるところは折れ、うまく調整し、なんとか全員がうまくやっていける努力をするものだ。

もしコミュニティに「共通のビジョン」がある場合は、それが運営上の基礎になるだろう。しかし、多様な人がいる中で、ビジョンに沿った動きだけではうまくいかないこともある。しかしそんなとき、「それはビジョンと違う。運営は反省すべきだ！」などと声高に主張するメンバーがいたとすればどうだろう？　声を上げたそのメンバーは、正義を代表しているつもりだろう。「ビジョンは絶対であり、それに従わない運営メンバーは間違っている」との信念からの非難だ。

しかし、全方位に気をつかいながら、懸命にコミュニティをまとめる運営メンバーにはその非難はどのように映るだろうか？　「正しい」指摘をされたからといって、悔い改めて行動を変えようとするだろうか？　正論を主張したメンバーは、運営の思いなど考慮しようとせず、単に正論を通そうとしているだけだ。これは、人に動いてもらい、課題を根本的に解決しようとする姿勢ではない。本当に問題を解決しようと思うのであれば、相手の立場も尊重しつつ、お互いに理解し合えるような対話をすべきだ。

人は、自分が正しいと思って生きている。だから突然、人から「あなたは間違っているからこうすべきだ」と言われても、急に考えを改めるようなことはしないのだ。

人に動いてもらうには「共感」こそ大切

だから、人に動いてもらうためには、「いきなり正論をぶつける」という行動とは正反対のアプローチをしなければならない。まず、「正しい／正しくない」の議論はいったん脇に置いておく。いきなり自説を主張することも控える。**まずは相手の話を聞き、事情を理解し、課題を一緒に考えようという姿勢を見せるのだ。できるだけその人の立場になってみて、その人が心から動きたくなるような言い方を考える。**

そのときに必要なのは、「正義」ではなく「共感」だ。正しさではなく、相手の感情に訴えかけるのだ。そしてこれは、仕事においても極めて重要。ビジネスも結局は人が動かすもので、そして、人は感情で動くものだから。このことがわかっていない人は、本当に人に動いてもらうことができない。常に相手の立場を思いやり、共感する力を磨くことは、仕事においても欠かすことのできない大切なスキルであり、姿勢なのだ。

まとめ

正論を押しつけるだけでは人は動かない。相手の立場を理解し、相手が自分から動きたいと思うような伝え方や話し合いを心がけることが大切。

work

身近にいる、正論を言いがちな人を思い浮かべてみよう。その人を反面教師とし、どうすれば人が「動きたくなる」伝え方ができるかを考えてみよう。

・理想的な伝え方（　　　　　）

rule 36

「話が長い人」は嫌われる。簡潔な表現を意識しよう

「話が長い人」を好きな人は、あまりいないと思う。しかし世の中には、いつも話が長い人がたくさんいる。それもかなり多い。むしろ、常に「簡潔に、かつクリアに話ができる」人は、貴重でありがたい存在だと感じるほどだ。

なぜこれほどに、「話が長い人」は多いのだろうか？　その原因はさまざまで、かつ複合的だと推測している。自分の話が長いことをまったく意識できていない人もいるし、一方で、話が長いことを自覚しながらも、どうしても延び延びになってしまう人もいる。

なぜ、多くの人の話は長くなりがちなのか？　どういう点に気をつければ、もっと簡潔に話ができるようになるのか？　代表的な原因を挙げながら、順に対策を考えていこう。

話の「組み立て」を意識する

そもそも根本的に、話をきちんと「構成」しようと意識している人は多くない。頭に浮

かんだことを、単にそのまま言葉に置き換えていくだけだ。もちろん、とりとめもない会話を楽しむだけなのであればそれで問題ないだろう。「会話する」ことそのものが、いちばんの目的の場合もあるからだ。

しかし問題は、相手に何かまとまった考えを伝えなければならないときだ。普段からきちんと話すことを訓練していないと、整理されていない「思いつき」をダラダラと話すことになってしまう。仕事においてもこの調子だと、話が長く、コミュニケーション能力が低い人間だという不名誉な評価を受けてしまう。

大切なのは、話をしながらも、いつも「内容の優先順位」を明確に頭に置いておくこと。相手には何を伝えるべきなのか、それをしっかりとイメージしておくのだ。だからこそ、まずは結論からズバッと言ってしまう方法は有効。もしどうしても追加したいことがあるなら、そのあとで適切に続ければいい。

伝えるべき「いちばん大切な内容」とその周辺情報をごちゃまぜにして、とりとめもなく続けていくから話が長くなってしまう。相手に伝えるべき最重要事項はいったいなんなのか？　それを考える習慣ができると、話はわかりやすく、簡潔になっていく。

時間的な感覚をしっかりと持つ

人間は、基本的にマルチタスクが苦手といわれている。「話をする」のは1つの動作に見えるが、「話をしながら、時間感覚もつかむ」というのは、マルチタスクに近いだろう。話の内容に熱中してしまうと、つい、自分がどれくらいの量を話しているのかがわからなくなってしまう人は多い。

これは、セミナーの登壇者を見ているとよくわかる。たとえば、20分という時間があらかじめ割り当てられている場合、登壇者は事前に準備などもして20分で収めようとするのが普通だ。しかし、登壇に慣れていないと、多くの人が時間をオーバーしてしまう。タイムキーパーが残り時間のパネルで注意をうながしても、話は長引き、スケジュールがどんどん押していくというのはセミナーでよくある光景。

このことからもわかる通り、人間は、話の時間を収めるための時間感覚を持つことが苦手だ。ましてや、普段の会話においては取り決められた時間制限すらない。だからこそ、いつも「思っているよりも短めに」会話を収めようとする努力は大切。「話が長い」と呆れられることはあっても、「話が短い」ことで不満を感じられるケースはめったにない。このことをよく覚えておきたい。

「自分」ではなく「相手」が主役のつもりで

話が長い自覚のない人は、往々にして「話す自分が主役である」という意識が強すぎる。だから、聞く相手のことをあまり考えられなくなるのだ。これに「自分のことが好きすぎる」という要素が加わるとさらに悪くなる。自分語りが止まらなくなり、相手にはどうでもいい話を延々と続けることになりがちだ。

話をするときは、前提として「相手に貴重な時間をもらっている」ことを強く意識することが大切。だから、ムダに話を長引かせるのは時間泥棒ともいえる。話を聞く人にとって、熱をこめて話をする相手を途中でさえぎるのはかなり難しいこと。だから、面と向かっては言われないけれど、実は相手に心の中でウンザリされていることはよくある。

「会話では相手が主役」という発想を持つことができれば、相手がどうすれば満足するかを考えられるはず。だから自然に、簡潔で、きちんと伝わる話をしようと心がけるようになる。会話は、自分ファーストではなく、相手ファーストで。これが、話上手になるために大切な考え方だ。

まとめ

話が長くなるのを避けるには、「①話の組み立てを考える」「②常に時間的な感覚を持つ」「③自分ではなく、相手が主役という意識を持つ」ことが大切。

work

自分は、いつも簡潔でわかりやすい話をしているだろうか？　もっと話がうまくなるように、自分なりに意識できることを考えてみよう。

・話をするときに自分が意識すべきこと

（　　　　　　　　　　）

rule 37

無意識のうちに「奪う人」にならないように注意する

人と人との関係性においては、「ギブが先で、テイクはそのあと」などといわれる。これはまさにその通りだろう。「他人から何かを得てやろう」としか考えない人からは、いずれ人が離れていく。まずは他者に何が与えられるか、どんな貢献ができるかを先に考えることは、人としてとても大切なことだと思う。

ここで特に気をつけたいのは、**「明確に意識していないが、知らないうちに人からテイクをしていないか」**についてだ。普通、多くの人は「ギブしなければ」というほうに注目することだろう。ギブはわかりやすい。自分のできることを、できる限り積極的に提供していくだけだ。しかしテイクには、明確に何かを要求するだけではなく、「自分でも気づかないうちに人から奪っている」ことも含まれる。これに気をつけておかないと、知らない間に人間関係を悪化させることもあるのだ。

教えてもらったアイデアを、勝手に自分のものにすること

人のアイデアを使わせてもらうときは、十分に注意しなければならない。確かに、「すでにあるものを徹底的にコピーする姿勢が大切」という言葉はある。世の中には完全にオリジナルなものなどなく、新しく作られるものは、すべて過去の蓄積を参照しているという考えだ。だから、「マネる」ことから始めようと。

しかし、「コピーされる側」から見た場合はどうだろうか？　たとえば、有名な人の考えや人気商品なのであれば、それが素晴らしいものであればあるほど、多くの人に「参考」にされるのはある種の宿命といえるかもしれない。しかし問題は、ごく近しい人に直接教えてもらったようなアイデアやノウハウの場合だ。それらの内容を、あたかも自分のオリジナルのように吹聴する人というのは実際にいる。

近しい関係の中でのノウハウの共有や交換というのは非常に大切だ。それこそが、自分の所属する組織やネットワーク、コミュニティから得られる価値だといえる。しかし、**何かを人から教えてもらったのであれば、きちんとその相手に敬意と感謝の意を示すべきだろう。**そのアイデアやノウハウをほかの人へさらに展開する場合は、当然ながら本人の許諾を得なければならないし、その結果もきちんと報告すべきだ。誠意を尽くせば、快く許

可してくれるケースもある。しかしこれを怠り、あたかも自分のオリジナルのように勝手に使う人には、もう二度と何かを教えようという気にはならない。

人の時間を奪うこと

人のものを奪っていることに気づきにくいのは、「時間」だ。たとえば、いつも遅刻してくる人。たとえ数分とはいえ、人に待たされる間の数分はとても長い。待っている間、「この時間があれば、ほかのことができたのに」と腹立たしく思っているかもしれない。時間はお金以上に貴重なものだと考えれば、時間泥棒は、まさに重大な罪だ。

また、一緒にプロジェクトを進めていく中で、いつもレスポンスが遅く、ほかのメンバーを待たせてしまう人。その人がいつまでもボールを持ちつづけることにより、プロジェクトの進捗が遅れてしまう。そしてそれは、まわりのメンバーからすると、「自分の時間を奪われる」ことに直結するのだ。レスポンスまでの待ち時間がムダになるし、もしそれでプロジェクトの進捗が遅れると、自分のスケジュールも変更する必要が出て来る。無責任な怠慢が、人の時間を奪う結果になることは多い。そして、自分が思っている以上に、人からは恨まれているものだ。

人の信用を奪ってしまうこと

人の悪口を言わないほうがいいことは、多くの人が理解している。だから、たとえひどい目にあって悪口を言いたくなっても、「ガマンしておこう」となる。しかし問題は、自分が体験した「一次情報」ではなく、人から聞いた話などの「二次情報」の場合だ。「あの人は○○らしいよ」という、誰かから聞いた悪口を、無責任に広めてしまったことはないだろうか？　二次情報は、自分起点の悪口よりも、広めることに抵抗感や罪悪感も少ない。だから、人から聞いたことは、ネタとしてつい人に話してしまいがちだ。

しかし、人から聞いたウワサ話というのは、自分ではその真偽はわからない。なのにそれを無責任に広めてしまうことは、無実かもしれない「当人の信用」を、大きく損なう行為なのかもしれないのだ。自分がウワサ話を広めていたということが、当人の耳に入ることもある。その場合、「信用を奪った人間」として、その人からはものすごく恨まれることになるだろう。特に考えなしにやってしまった行為としては、その代償は大きい。

他人から実際に何かをもらうことだけがテイクではない。「無意識のテイク」によって人から大事なものを奪っていないかを、いつも注意しておきたいものだ。

まとめ

「ギブとテイク」に関しては、「テイク」にもよく注意しておこう。人のアイデアの無断利用や、時間や信用を奪うことも、無意識のうちのテイクといえる。これを重ねると、人からの信頼を失ってしまう。

work

これまで、無意識のうちに人から「奪って」しまっているものがないかを思い出してみよう。それを反省の材料とし、これからは繰り返さないように注意したい。

・人から奪ったかもしれないもの

（　　　　）

rule 38

1つの言動と人格は、明確に分けて考えるべき

人から叱られるのは、つらいもの。しかし、自分の成長のためにはとても貴重な機会でもある。若いころにたくさん叱られた経験のある人ほど、自分の行動を客観的に見ることができ、そのぶん気をつけて生きることができる。自分のミスに気づけないままだと、将来にもっと大きな失敗を犯すリスクもある。上司だったらきちんと指摘してくれるところを、相手が顧客だったら、黙って去って行くだけかもしれない。

叱ることには、大きなコストがかかる。相手に嫌われてしまうこともあるだろう。しかし、そのリスクを覚悟してでも叱ろうと思うのは、今後もその人とかかわろうという意思があり、少しでも良くなってほしいと考えるからだ。単に怒りをぶつけてくるだけの人はやっかいだけれど、**相手が「こちらのことを思って叱ってくれている」と思えるときは、それを真摯な姿勢で受け止められるようにしたい。**

そのときに大切なのは、「自分の行動を叱られている」ことと、「人格を否定されている」

ことはまったく違うのだと理解すること。これらの2つを分けて考えられず、少し叱られただけで、人格を否定されたように感じる人がいる。そのような姿勢だと、成長のチャンスを逃してしまうばかりか、最悪の場合、自分の精神を病んでしまいかねない。

そもそも、叱られる原因となった、たった1つの行動で自分の全人格などわかるはずもない。人間、完璧でないことなど誰でも知っている。どんな人であろうと、必ず失敗はするのだ。その失敗は、単に経験が足りなかったとか、注意が不足していたから発生したものだ。だから**もし何かの指摘を受けたなら、それをいい機会として、次から注意すればいいだけ。それこそが健全な成長ということ。**

人を〝単純な善悪〟で二分しないこと

もう1つ、同じように大切なのは、自分が他者をどう見るかという姿勢だ。他人のたった1回の言動で、その人を全否定してしまうようなことがあってはならない。特にSNSの世界では、短いテキストでのコミュニケーションが多いため、言葉だけを切り取って相手を拙速に評価してしまう傾向がある。ちょっとでも気に入らない発言があると、すぐにその人を「敵」と認定してしまうような姿勢だ。だから、いつも争いが絶えない。

人は、自分のフィルターを通して世界を見る。それは、複雑な世の中を理解可能なレベルにするために、人間にとって必要不可欠な機能でもある。しかし、それが極端な「単純化」として働いた場合、まわりの人たちとの関係に大きなマイナスの影響をもたらすことがある。

その中でも特に問題なのは、他人のたった1回の言動を目の当たりにしただけで、「この人は自分とどうしても相容れない」と思ってしまう発想だ。そうなると、もしその人が自分にとって重要なことを言ったとしても、それに気づくこともなくなってしまう。

このような姿勢におちいると、自分の学びや成長の機会を自分で捨てることになる。相手を敵か味方かという二元論で考えると、合意できる点を見出せず、建設的な議論ができなくなってしまう。こうなると、完全に不毛な二者関係におちいってしまうだろう。とてももったいないことだ。


人のたった1回の言動と、その人の人格は本来は別のものであるはずだ。しかし、そのような考え方をしっかり持っていないと、両者を分けて考えることができなくなってしまう。だからこそ、**いつも明確に、「言動の内容」と、「その人の人物像」は、別のものとして考える習慣が大切**だと思う。

人が言ったことを、冷静に「そのときの1回の意見」として捉えると、もっとシンプルに理解することができるはず。しかし、その人の「すべてを表す言葉」だと思ってしまうと、誤解を生み、ときに感情論におちいってしまう。これはとても危険な考え方だ。

人間は複雑なものだから、あまり単純化しすぎると理解を間違う。人を見るときも、見られるときも、「1つの言動」と「人格」は、明確に分けて考える習慣を持とう。

まとめ

人から何かを指摘されたとき、それを自分の人格の否定とは考えないこと。同様に、人の1回の言動だけを見て、それをすべての人格を表すものだとは考えないこと。言動と人格は、常に冷静に分けて考えるべき。

work

最近、自分が指摘されたことを何か思い浮かべてみよう。それを自分の人格とは完全に切り分け、冷静に、「どのように改善すればいいか？」を言語化してみよう。

・指摘されたこと

（　　　　　　）

・改善案

（　　　　　　）

rule 39

違う意見を持つ人とこそ、建設的に議論しよう

組織やコミュニティを健全に機能させるためには、メンバーからのさまざまな意見を取り入れようとする姿勢が重要だ。しかし、多様な意見があるということは、お互いに相容れないまったく違った考え方もあるということ。そこで大切なのは、意見の異なる人々に対し、いやむしろ意見が異なるからこそ、「できるだけ建設的に」議論しようとする努力だ。

しかし、異なる意見を持つ人同士が建設的に話をすることは簡単なことではない。特にSNSなどでは、意見の違う二者の溝は、対話によって埋まるどころか、お互いが非難しつづけるだけのヒステリックで非生産的な言い合いになりがちだ。

健全な議論ができる土壌がないと、せっかくの多様な意見をうまく活かすことができない。人は本来、自分とは違う意見にも触れ、学びながら成長していくものだ。そのときに必要なのは、**相手の意見にもしっかりと耳を傾け、興味を持って聞く姿勢。他者の立場も尊重しながら、お互いに努力して最適な解を探っていくことが重要だといえる。**

では、意見を異にする相手とは、どのようにわかり合えばいいのか？　理想的な議論のあり方を考えてみよう。

適切な「問い」で、相手の立場を理解しようとする

まずは、相手の考えへの興味を示すことが重要だ。意見の異なる相手を頭から否定することなく、まずはしっかりとその考えの背景を理解しようと努力する。そのような姿勢を示すことは、相手へ好意的なシグナルとして伝わり、そのあとの議論をポジティブなものにする。こちらが相手を理解しようとすると、相手も、同じようにこちらを理解しようとしてくれるものだ。

大切なのは、相手の意見への理解を示すことが、そのまま「賛成」にはならないということだ。共感は示しながらも、自分の意見も明確にし、相手の意見との差異を確認しながら、根気よく議論を重ねていく――そのバランス感覚が非常に重要だ。

相手の立場も考え、思慮を重ねた言葉で主張する

自分の意見を通すために、「断言」を多用する人がいる。「白か黒かのどちらかしかない」

という発想で、言葉を強くすればするほど自分の意見が通ると考えている。SNSの中でも、政治問題などを扱う一部の領域は、このようなスタイルの言説であふれている。

しかし、いくら極端に強く意見を主張したところで、相手に響くどころか、下手をすると拒否反応を示されてしまう。強すぎる意見や言い切りは、議論を浅くしてしまい、反対意見を持つ他者の共感を得ることを難しくしてしまう。味方だけからは、強い言い切りに喝采が上がるかもしれないが。なんでも断言で押し通そうとする姿勢は、意見を異にする二者間の溝をますます深める結果を招いてしまう。

自分の意見を相手に届けたいときこそ、バランス感を失わず、相手の意見にも理解を示したうえでの主張が大切だ。そういう論調は、聞く人に安心感と納得感をもたらし、たとえ反対意見を持っていたとしても、きちんと考えてみようという気にさせる。そして、両者ともにそのような姿勢で話ができると、とても建設的な議論が可能になる。

譲歩すべきところは譲歩する

議論の成功とは、自分の意見を100パーセント通すことではない。無理にそんなことをしても、意見の違う相手に負の感情を抱かせ、さらには深い遺恨を残してしまうことになる。議論をしていく中で、お互いが譲れない部分、そして逆に譲ってもいいという部分が見えてくるはずだ。きちんと相手の話を聞いたうえで、納得できるのであれば、譲れる部分については譲ろうとする努力が大切だ。

少しでも自分の意見を譲ることを「負ける」ことだと思ってしまう人がいるが、それは違う。たとえ部分的には譲歩をしたとしても、最後に、両者の納得感が最大になる合意点を探す。それこそが全員にとっての勝利になるはずで、常に目指すべき方向であるはずだ。

同意できる部分を探る

議論の中で、「違い」を指摘するのは簡単だ。多くの人は、つい違いばかりに着目してしまう。しかし、たとえ意見が大きく対立しても、その1つ1つの要素を見ると、同意できる部分はけっこうあるものだ。たとえそれがあたり前のことであったとしても、その同意できる部分から議論をスタートさせることは、より健全な話し合いを可能にする。

共通の価値観を見つけることができると、議論相手にも親近感を持ちやすく、共感しやすくなるもの。そういう姿勢で、意見が異なる部分についても根気よく議論を重ねていくと、合意点に達する可能性も高まる。違いばかりに注目して言い合うのではなく、まずは同じ思いを探そうとする努力が、良い結果を生み出すことにつながる。

まとめ

意見が違う人と議論するときは、「①相手の立場の理解に努める」「②極端ではなく、バランスの良い主張を心がける」「③譲歩すべきところは譲歩する」「④差異ではなく、同意できる部分に着目する」ことが大切。

work

仕事上でも、メディアやSNS上での議論でも、自分が賛成できない主張を1つ思い浮かべてみよう。その中で、「同意できる要素」を探してみて、それを書き出してみよう。

- **自分が賛成できない主張（　　　）**
- **その中で同意できる要素（　　　）**

第4章

未来への想像力を育てるための11のルール

rule 40

きちんとした「大人」であるために大切なこと

大人とは、「年を重ねたら自動的になるもの」でもない。そういう意味では、世間から見ればもう十分にいい年なのに、いつまでも大人になり切れない人も多い。世間を騒がせるような低レベルな事件を見るにつけ、これほどに1人の人間として成熟できていない人が多いのかと愕然とすることがある。大人とは、他人に面倒をかけることなく、「自分の言動に責任を持ち、自分で自分の始末をつけられる」人のことのはずだ。

そして、大切なのはそれだけではない。いくら大人として成熟しているといっても、世の中に貢献しようとせず、単に「逃げる」姿勢だけを見せている人は尊敬されない。自分の持っている知識だけで若い世代にマウントしようとしたり、新しいことに対して文句やグチばかり言っているようでは、単なる「老害」としか見なされないようになる。

いつも1人の大人であるとの自覚を持ち、自分が果たすべき責任を意識しておくことは大切だ。社会に対して、何かしら自分ができることは必ずあるはず。目の前の課題に正しく向き合い、できることを使命として提供しつつ、自分自身も必要に応じて変化していく――そのような人こそ、1人前の大人といえるだろう。

「人から尊敬され、自分なりの価値を発揮しつづける大人」について、もう少し具体的に考えていこう。

「他責」ではなく、いつも「自責」という意識で

いつも人の批判しかしない人は、自分の役割や責任を棚に上げてしまっていることが多い。自分から積極的に責任を取ろうとせず、安全地帯から、評論家的に意見することだけを自分の役割だと思っている。そういう人は、本当の仕事の難しさを理解していないがために、いとも簡単に人を批判することができてしまう。

逆に、**責任意識の強い人ほど、仕事の本当の難しさを理解している。**かかわるすべての人を満足させながら、安定的に価値を出しつづけることは本当に至難の技だ。だから簡単に人を批判し、責任を追求するようなことはしない。逆に、何か身近な課題が起こったときは、まずは自分の責任ということを考える。人に言われたからではなく、あくまで自主的な判断においてだ。

だからこそ、仕事や身のまわりの課題の解決に向けて、自分から積極的に動くことができる。いつも課題に真摯に向き合おうとするし、そのぶん解決するのが速いので、まわりからは自然と頼られる存在になる。非難されることを恐れず、自分の責任範囲を広く持とうとするから、人からまかされる範囲も広くなる。こういう人こそが、真のリーダーだ。言い換えれば、使命感と責任感に満ちた、尊敬すべき大人だともいえる。

失敗を恐れず挑戦する

大人になることは成熟することではあるが、それは決して、守りに入ってしまうことではない。**いくら経験を積んだからといって、それ以上に成長や変化をしようとせず、これまでの資産や蓄積だけに頼って生きようとした瞬間から「余生」が始まる。**年齢にかかわらず、余生モードに入ってしまっている人はかなり多い。若い世代から「逃げ切り」と言われ、尊敬されないのはまさにこういう人びとのことだ。

自分の得た経験やスキル、資産を、自分のためだけに使って生きていこうという姿勢は残念だ。虚栄心の強い人は、高級車や豪華な旅行、自分のこれまでの人脈や肩書を見せびらかして尊敬を集めようとするけれど、それは本当に尊敬に値する行動だろうか？　そうではなく、自分の知見を社会のために還元したり、そのために新しいプロジェクト（仕事でもプライベートでも）を始めたりすることこそ本当に価値がある。たとえ無謀だとか絵空事だと揶揄《やゆ》されようが、挑戦を続ける人たちこそが、若い世代への真のロールモデルになる。人は、「過去の実績」よりも、「今の姿勢」で評価されるものだ。

上から目線ではなく、あくまでフラットに

また、年を重ねたり経験が増えたりすると、どうしても上から目線になってしまう人びとがいる。もともと日本には年功序列的な文化が根強く残っていることもあり、経験者になればなるほど、「自分は尊敬されるべき」と考え、なぜか偉そうになってしまうのだ。

多くの人に尊敬される人は、一様に、謙虚な人々だ。偉そうなワンマン社長が尊敬を集めているように見えていても、それは単に、周囲が逆らわず、社長を立てるフリをしているだけだ。真の尊敬ではなく、圧力による縛り。そんなやり方で、「自分は偉い」と思っている人びとがどれだけ多いことか。

いくら成功しようとも、有名になろうとも、謙虚でフラットな姿勢を持ちつづけることはとても大切だ。そういう人が信頼されるし、まわりから「きちんとした大人」であると

見なされる。そして、人に恵まれた、より良い人生を送ることになるのだ。

まとめ

「きちんとした大人」とは、「①「他責」ではなく常に「自責」で考えようとする人」「②守りに入らずに挑戦を続ける人」「③謙虚で、フラットな姿勢を持ちつづける人」のこと。

work

大人として必要な要素のうち、自分が最も足りていないと感じるのはどれだろうか？　そしてその要素を満たすために、明日から実践できる具体的な行動や努力目標を書き出してみよう。

・大人であるために、自分に足りていない要素とは

（　　　　）

・明日から実践できる行動

（　　　　）

rule 41

きちんと「成長」するために大切なこと

今になって振り返ってみれば、僕の学生時代に優秀といわれていた同級生と、そのあと社会人になって活躍している人は一致していないケースが多い。学生時代には多くの人から注目されて輝いていた人が、大企業に入ったあと、「どこにでもいる普通の会社員」になってしまうことはよくある。逆に、学生時代は目立たなかった人が、そのあとに起業したり、ある分野で有名な専門家になって大活躍したりしているという例も多々ある。

これはひとえに、「成長に対する姿勢」の違いの結果だと思う。若い頃は、生まれ持った才能だけでそのままいけることもある。しかし、それ以上に成長しようとする意欲がないと、そこで慢心してしまって伸びなくなってしまうのだ。そして、地道に努力を続ける「普通で目立たなかった人」に、あとから抜かれてしまうことになる。

これまで多くの人のキャリアの相談に乗ってきた中で、「きちんと成長できる人」に共通する大事な姿勢を挙げていきたいと思う。

やりたいことが明確にあり、それを追いつづけている

何か「やりたいこと」を持っている（いた）人は少なくないと思う。でもいちばん大切なのは、単に何かをやりたいと思うだけではなく、実際にそれを追いつづけられているかどうかだ。

僕の知り合いに「小説家になりたい」と学生時代からずっと言ってる人がいたが、その後、普通に大きな会社に入り、そこそこのポジションでそこそこの給料をもらっている。しかし今、特に小説家になるための活動をしているようには見えない。このままだと、彼の夢は実現することはないだろう。現状に中途半端に満足してしまっているため、本当にやりたかったことを本気で追っていないのだ。

人は仕事を選ぶとき、給与や待遇、ブランドなどの「主目的ではないそのほかの要因」に引っ張られてしまい、結局は無難にそちらを選んでしまうことが多い。しかし、そうやって消極的な理由で選んだ仕事では、自分を大きく成長させることは難しい。本気の人に比べて、人生を賭けてやり切るかどうか、そういった気迫みたいなものがまったく違うからだ。

自分の本当にやりたいことを、ずっと真摯に追いつづけている人は素晴らしく成長が速い。大成して名を成すのは、皆そういう人だ。

他人から謙虚に学ぶ姿勢を持つ

他人からの助言を素直に聞けるのはとても重要なスキル。しかし、「自分は優秀だ」と自分で思っている人ほど、プライドがじゃまして、積極的に人から教わろうとしない。せっかく人から助言をもらっても、それを真面目に実行しようとしないのだ。むしろ、自分を正当化するための反論を繰り出してしまったりする。せっかくのチャンスを、斜めにかまえて自らムダにしてしまっているといえる。

変な自尊心を持つことなく、「いろいろな人から学びたい」という姿勢を貫ける人は成長が速い。もしある人が平均より少しは優秀だったとしても、社会全体という観点からは、しょせん1人の知っていることやできることなんてごく一部だ。年齢や立場、職業に限らず、謙虚な姿勢さえあれば、すべての人を師とし、いろいろな学びが得られるはず。

覚えたことはすぐに実践しようとしてみる

いくら学ぶことが好きでも、単に「勉強」することだけが目的になってしまっている人がいる。もちろん、教養としていろいろな知識を身につけることはけっこうなことだと思う。しかし、知識だけを増やすことと、人生において必要な実践的な力を身につけることの間には大きな差がある。せっかくの知識を単なる「雑学」に終わらせず、本当に価値があるものにするには、知識を実際に使ってみるという姿勢が重要だ。

インプットは、情報の「消費」なので、快楽性もある。しかしアウトプットは「生産」なので、かなりしんどい。だからアウトプットよりもついインプットばかりになりがちだけれど、それでは成長は速まらない。**労力を惜しまず、常に目に見える結果を出しつづけること、それが成長へのいちばんの近道だ。**

自分が得たことを、惜しみなく他者に共有できる人

究極の勉強法は、「学んだことを、人に教える」ということだ。人に教えることは自分が理解する数倍もの労力を使うけれど、だからこそ、とても成長も速い。人に教えるためには、体系的にその分野のことを理解している必要がある。知識や情報を断片にとどめておかず、全体として理解するための絶好の機会だともいえる。

また、人に教えるということは、積極的にギブができているということ。こういう人には、リターンも多く返って来るもの。多くの人からいろいろ教えてもらえるし、困ったときには助けてもらえる。こういった好ましい循環を作ることが、自分の成長の助けになる。

何かを人に教え、与えるということは、決して他人のためだけではないということだ。

まとめ

きちんと「成長」するためには、「①本当にやりたいことを追いつづける」「②人から謙虚に学ぶ」「③覚えたことはすぐに実践する」「④学んだことを、人に惜しみなく共有する」ことが大切。

work

「成長」するための４つの項目について、具体的な内容やアクションを言語化してみよう。

- **①自分が本当にやりたいことは何か？（　　　）**
- **②それを学べる人は誰か？（　　　）**
- **③どのように実践するか？（　　　）**
- **④誰に共有できるか？（　　　）**

rule 42

「自分がなりたい姿」を明確にイメージしておく

人は、いつも目の前のことだけに過度にとらわれてしまう。長期的な目標を定めないまま、「どうやったらこの課題が解決ができるか？」ばかりを考えてしまうのだ。しかし、あまりに狭い視野のことばかりに集中していると、結果的に、ムダなことに時間を使って遠まわりしてしまう可能性がある。

長期的な視点を持つためには、自分の「ビジョン」を明確にすることが大切だ。しかし、もしそれが難しいと感じるのであれば、「自分のなりたい姿を明確にイメージしておく」くらいに考えるといい。それは、人によっては「十分な資産を持っていること」かもしれないし、「自由であること」、また「社会に貢献できる存在であること」など、方向はさまざまだろう。

その**「自分がなりたい姿」のイメージを、いつも明確にしておくことが大切だ。これを**

持っていないと、仕事や生活の中で大事な判断を迫られたとき、目的と手段を混同してしまうことになる。

たとえば、転職を考えるとき、とりあえず少しでも年収の高い仕事を選んだほうが良さそうに見える。しかし、それが自分の「なりたいイメージ」に近づける選択ならばいいが、たとえば「自由な時間が欲しい」と思っているのに、キツい仕事で多くの時間を費やしてしまったとしたら本末転倒だ。こうやってわかりやすく書くと笑い話のようにも見えるが、こういった基本的な選択のミスは、本当に多くの人がやってしまうものだ。

「目的」と「手段」を切り分けて考えることの重要性

現代社会において、人は、不確実性（世の中がどうなるかわからない）と、曖昧性（何が最善なのかを定義できない）という、2つの大きな困難と向き合うことになる。このような不確実性や曖昧性にあふれた世の中を生きるのは、本当に大変だ。今は価値があると信じてやっていることが、状況が変わり、あっという間に価値を失ってしまうかもしれないのだ。

いつも目の前のことだけしか考えられていないと、世の中の状況が変わったとき、場あたり的な対応しかできなくなる。たとえば仕事にしても、「とても脚光を浴びていて、イケてるように見える職種」というのはある。しかし、それだけの理由でその仕事を選んだとしても、世の中の状況が変わったあとに、自分にとっては結果としてマイナスだったということも起こるのだ。本当に、思っているよりも世の中はよく変わるもの。だから、何に価値があるかも常に変わりつづける。そして今後、その変化のスピードはさらにアップするのだ。

自分の「なりたい姿」が明確にあり、それを目指すために仕事を選ぶと、多少世の中の状況が変わろうとあまり気にせずに済む。また、常に先を見ているので、社会状況が変わった場合でも、自分としてはどのような軌道修正をすればいいかの判断がしやすい。これは、選択のための自分なりの「軸」がある状態ともいえる。だから、いつも自分のなりたい姿に最も近い道を選ぶことができる。

考え方のプロセスを変えること

世の中の激しい変化と対峙するためには、自分の行動や意思決定のプロセスを大きく変えなければならない。つまり、目の前の課題を「どうやって克服するか?」ばかりにとらわれるのではなく、「自分のなりたいイメージに近づくには、どうすればいいのか?」と考えるのだ。

この方法のいいところは、成功に至るまでの道筋が、あらかじめはっきりと決められていなくてもいいことだ。最終目的地さえ見えていれば、途中の道筋はどのように変更してもいい。判断の軸があるので、最適な指針が定めやすくなる。瞬間的に「どっちが得か?」という判断はなかなか難しいものだけれど、自分の目指す方向に近づくためという判断軸があれば、納得のいく決断がしやすくなる。さらに、今はあえて損をしたとしても、あとで大きな得を取るという思い切った決断も下せる。

「自分のなりたい姿」を明確に持つことで、人生に主体性を感じることができ、長期的に自分の人生をコントロールしやすくなる。あとになって後悔しない、いちばん望ましい判断のための根拠と自信をもたらすのだ。だからこそ常に、自分がどうなりたいかを、真剣に考えつづけることが大切である。

まとめ

目の前のことにとらわれすぎることなく、未来に自分がなりたい姿を常に明確にしておくことが大切。それがあると、世の中が変化しても、自信を持って最良の決断をすることができる。

work

「自分がなりたい姿」は明確に持っているだろうか？ 今は持っていないとしても、これを機会に、考えるきっかけにしよう。

・自分がなりたい姿

（　　　　　　）

rule 43

目標は「高すぎ」てもダメ。適切な目標設定が成長を最大化する

「目標は高ければ高いほどいい」という人がいるが、あまり鵜呑みにしないほうがいい。そのような考えは、たとえば将来のある高校生などが、人生における目標を設定するようなときには有効かもしれない。しかし、現実世界においてもそのマインドを引きずったまま「何がなんでも目標を高く」設定する人がいる。しかし、その高すぎる目標が達成された姿は、あまり見ることがない。

目標が高ければ高いほど、その結果も高くなるとは限らない。あまりにも現実離れした目標を設定してしまうと、それは途中から単なる「非現実的な夢物語」になり、目標としてまったく意味をなくしてしまう。意味がなくなるどころか、目標を宣言したまわりの人びと、そして自分への失望へとつながることにもなる。そして最悪の場合、「次もどうせダメだろう」というネガティブなマインドにおちいってしまうかもしれないのだ。

目標は、「ちょうどいい」ところに設定できるセンスがとても重要だ。「とりあえず高い目標を適当に設定して……」というやり方だと、最初のモチベーションの高い時期には盛り上がれるが、中盤以降において、実績が目標から乖離すればするほど下方修正を余儀なくされる。そして、目標が下がって行くと、だんだんモチベーションも下がるという負のスパイラルにおちいってしまう。それは、つまり最初の目標設定に失敗しているということ。だから、「適切な」ラインに目標を置くことは、とても大切なことだといえる。

目標の設定は戦略的に

人間は、簡単すぎる目標に対してはモチベーションが高まらない。しかし、逆に高すぎる目標でも、現実感が持てないためにやる気が持続しない。だから、高いモチベーションを維持しつづけるためには、自分にとって「最適な」目標水準を設定することが大切。

では、最適な目標設定とはどういうものか？　モチベーションについての研究結果によると、**人間のモチベーションが最も高く維持されるのは、「成功と失敗の確率が半々くらい」という状況にあるときだそうだ。**これは、実感値としても納得度が高い。「できるか／できないか」というギリギリのラインに自分を置くことが、最もポジティブなモチベーションが沸き起こる瞬間だ。

だから、単にやみくもに高すぎる目標を置くのではなく、常に自分をちょうど良い状態に置くことのできる目標設定が大切だ。たとえば、ランニングを続けたいのであれば、まるでアスリートであるかのような高すぎる目標を立てるのではなく、自分自身が達成できるかどうかのギリギリ現実的なラインを設定するということ。

誰しも、「これから何かを始めよう」というタイミングでは、気分も高揚していて、ちょっと無理そうな高い目標を設定してしまいがちなもの。そして、その勢いのままその目標を周囲にも宣言してしまう。そうではなく、センスのある「適切な」目標を立てることが、高いモチベーションの維持を可能にするのだ。

また、目標は、初めに高く設定してあとから下方修正して何もいいことはないが、逆に、上方修正することの効果は高い。自分に自信ができ、高いモチベーションを長く維持することができる。

できるかどうかギリギリの目標を達成し、たとえば達成率が110パーセントだったとしたら、次は達成した水準を新たな基準値として少し高めの目標を再設定するのだ。これは複利効果みたいなもので、このサイクルを長く続ければ続けるほど、非常に高い水準で成長を続けることができる。

無理をして、最初に高すぎる目標を立ててしまうことが目標達成への近道ではない。高い目標を持つことはカッコよく見えるかもしれないが、それは残念ながら、目標を立てたその瞬間だけだ。実績が追いつかないと、逆に自分への評価を下げてしまうことになる。それを繰り返すと、周囲には「また言ってるよ」などと思われるようになる。そしてその結果、自分への自信も喪失するという悲しい結果を招くことになる。

常に「できるか／できないか」という水準で目標を設定し、それを順調にクリアして行く。そして少しずつ目標の水準を上げて行き、それらをすべて達成するポジティブなスパイラルに乗る——そうやって着実に自分の成長を感じ、自己肯定感を高めることが、結局は成長へのいちばんの近道なのだ。

まとめ

目標は高すぎてもダメ。「できるか／できないか」のギリギリの目標を定め、必ずクリアする。そして次に、それより少し高くした目標を持つ。その繰り返しが、成長へのいちばんの近道。

work

今取り組んでいることについて、改めて「できるか／できないか」のギリギリの目標水準を設定してみよう。

・今取り組んでいること
（　　　　）
・目標設定期間
（　　　　）
・ギリギリの目標水準
（　　　　）

rule 44

「表面的な情熱」ではなく、「本当にやるべきこと」を見つける

自分のキャリアを決めるのに、自分の中にある「情熱」だけを信じすぎないほうがいい。情熱は美しいけれど、移ろいやすくもある。それよりも、「最後はここに帰って来てしまうところ」を考えてみよう。あなたの人生の中で、「結局いつもこれをやってるなあ」ということはなんだろうか？

世の中には、情熱だけを追いかけて成功する人もいる。有名なアーティスト、クリエイター、起業家などは、彼らの夢を追いつづけた結果、今の姿を手に入れたのだろう。しかし、これには「生存者バイアス」がかかっていることに注意したい。失敗例はあまり省みられることがなく、成功者ばかりが注目されるのは世の常だ。

たとえば、小学生が「将来の夢」を聞かれたとき、「プロ野球選手」と言えば夢が大きいとホメられる。しかし「サラリーマン」などと言おうものなら、「なんと夢のない子ど

もだ」と笑われるだろう。でもその後、本当にプロ野球選手になれる可能性は、果たしてどれくらいなものだろうか？

でも「サラリーマン」と書いた子が、将来的に一流のビジネスマンになれる可能性は、プロ野球選手になるよりははるかに高いはず。もしかするとその子は、「組織に属しつつ、自分の力を発揮する」という特性に早くから気づいていたのかもしれない。自分への見立てと、未来の自分の活躍すべきフィールドがピッタリ合っていたのなら、それは素晴らしいキャリアビジョンだといえる。

「情熱」だけに従って自分が好きなことを追求しても、キャリアの成功には必ずしもつながらない。むしろ大事なのは、「その瞬間に熱意に燃えていること」ではなく、いつも「それをやらずにはいられない」ことだったりするのだ。情熱は変わりやすいが、自分の得意なことや、「気がついたらそれをやっている」ことは、年を経てもあまり変わらない。そしてそれが、自分の能力が発揮できて、価値を伸ばしやすい分野である可能性は高い。

「情熱を追うべきだ」というアドバイスは、ときに人生を圧迫することもある。自分が持つ能力に完璧にあてはまり、情熱を持って追いつづけられる夢のような「天職」は、誰にでも見つかるとは限らないからだ。

さらに、一時的に情熱を持っていたとしても、それが長続きしない可能性だってある。情熱は、燃え上がりやすいだけに、冷めやすくもあるのだ。プロ野球選手になる情熱を燃やしていた人は、そのチャンスがゼロになってしまったあと、いったいどうすればいいというのだろう？「情熱を追うべきだ」とアドバイスをくれた人は、そういう状況に責任を取ってくれるわけではない。

自分が本当に追いつづけるべきものとは？

「結局はそこに帰って来てしまうこと」は、多くの場合、華やかでキラキラしたものではない。むしろ地味で、やり遂げるのが難しいことも多い。しかし、自分の夢が何度か変わったり、挫折を経験したりするたびに、「やっぱり自分にはこれが合っている」という分野があると安心できる。

それは、自分がいちばん情熱を燃やせることではないかもしれない。「すごく楽しい」と思えるものではないかもしれない。しかしそれが続くのは、自分にとって重要だからと思えるからだろう。ごく自然に、ほかの人よりも努力が続けられるし、だからこそ、ほかの人よりも得意だといわれるのだ。

それは、人によっては「人前でスピーチをすること」かもしれない。また、「数字を分析すること」「文章を書くこと」「人と人をつなぐこと」などもあるだろう。最近だと「SNSを欠かさずに運用する」という得意分野を持つ人もいる。気がつくと、知らないうちに努力を重ねている、そういう活動のことだ。

そのような、自分にとって得意な分野は、わざわざToDoリストに書かなくても継続できる。それは、無理やり自分を奮い立たせなければいけないことよりも、自分としてはるかに「得意」な分野であり、だからこそ自分の強みを発揮できることが多い。「あれ、こんなことでホメられるのか……」と思ったことはないだろうか？ **自分にとっては簡単なのに、人から見ると非常に価値のある仕事や能力。「自分が得意な分野」とは、そのようなものだ。**

ほかの人よりも普通に努力できることは、ごくごく自然に、自分の強みになる。それこそが、自分の価値が最も高く発揮され、長く成長しつづけられる、目指すべきキャリアに近いはずだ。

まとめ

キャリアを決めるのに、自分の「情熱」だけを信じすぎないほうがいい。それよりも、「最後はここに帰って来てしまうところ」、それが自分の強みになる。

work

自分自身の、「気がつくとやっていること」「最後はここに帰って来てしまうところ」を、自分の潜在的な方向性として言語化してみよう。

・自分の潜在的な方向性

（　　　　）

rule 45

「機会」が来るのを待っているだけではダメ。自分で作りに行く

リクルートの創業者である江副浩正氏の言葉「自ら機会を創り出し、機会によって自らを変えよ」は、リクルートグループの社員やOBのみならず、多くのビジネスパーソンに影響を与えつづけている有名な格言だ。僕も、起業して5年間経営していた会社をリクルートに売却したあと、1年間、リクルートのグループ会社の役員として仕事をした。だから現場でこの言葉を耳にする機会も多かったし、同僚となったリクルートの社員たちが、この言葉を実践しているさまを見てきた。

この言葉自体はそれよりも前から知っており、自分の中で重要な意味を持っていた。新卒でインテリジェンス（現パーソルキャリア）に入った、1年目か2年目くらいのときに何かの本で読んだのだと記憶している。とてもシンプルだけど力強いメッセージで、「今日からすぐに自分の行動を変えなければ！」とあせるくらいに強い衝撃を受けたことを覚えている。

「自分で機会を作ること」の大切さ

「機会が人を変える」というのはイメージしやすい。たとえば、会社でマネージャーに昇進すれば、責任と権限が増え、そのポジションに応じた成長をすることになる。また、大きな仕事が与えられたとき、最初は大変だけれどその責任を果たしていくうちに「お前、すごく変わったなあ」と言われるくらい急激に成長することがある。それほど、人の変化や成長には、環境や機会という要因が果たす役割が大きい。

問題は、そういう貴重な「機会」は、単に待っているだけではなかなかやって来ないということだ。特に、大きくて安定している企業に勤めているような場合、「待つ」姿勢に慣れてしまうことに注意が必要。新卒入社の直後はやる気に満ちていた若者が、時を経るにつれて大企業の硬直した「守りの文化」に慣れてしまい、いつの間にかよくある「指示待ち人間」になってしまうケースを多く見てきた。そうなると、「自分で機会を作り出す」ということなど、想像もつかなくなってしまう。

自分で機会を作るとどうなるのか?

ではなぜ、自分から機会を作りに行くことがそれほど重要なのだろうか? もちろんそのほうが、単に待っているだけよりも多くの成長の機会を得られる。しかし、「機会の数」よりもはるかに大切なことがある。それは、**単に与えられた機会ではなく、「自分で作った」機会に取り組むと、自分が目指す方向に、よりダイレクトに近づけるということだ。**

人から与えられたり、偶然に手に入ったような機会は、もちろんそれが魅力的ですばらしい場合もあるが、あくまでそれは「たまたま」である。チャンス自体としては大きいが、自分が意図しなかった方向に進むこともあるだろう。その場合は、果たしてその機会に乗るべきかどうか、迷ってしまうことも多い。

しかし、自分自身で機会を作る場合は、自分が望む方向に絞ることが可能だ。だから最短距離で成長できるし、その結果として、自分の人生の目標に達するのも早くなる。自分で機会を作ることは、人生を自分自身の手で設計することだともいえる。だからこそ、「今あったら望ましいな」と思えるような機会を、自分の手で作ることが大切なのだ。

自分で機会を作るためには？

「自分で機会を作れ」と言われても、どうすればいいかわからないという人もいるだろう。まず、最も大切なのは、**「みずから志願し、人のためになることを提案する」**ということだ。

誰もやりたがらない難しい（だけど重要な）仕事は、やりたい人が少なく競争率が低いので、提案して立候補すれば、自分がやれる可能性が高い。良い機会とは、このようなチャレンジ精神から得られるものだ。

しかし、このような機会は、金銭的なリターンに結びつかないものが多い。むしろ、そういう見返りとはほど遠いものになることが多いだろう。だからこそ重要なのだ。短期的な金銭リターンのためではなく、できるだけ長期的な観点で自分のためになる機会を作り、それに取り組むべきだ。

しかも、そういう難しいタスクに自ら志願すると、まわりから応援されることも多くなる。人は、勇気のある人間を助けたくなるものだ。そしてそれこそが、自分で「機会」を作ることの重要な意味。自らリーダーとなり、周囲を巻き込み、覚悟のあるリーダーシップを発揮することは概念的に「起業する」ことにも近い。タフではあるが、自己の成長にとって重要なチャンスだ。

そのような機会を自分で作り出し、それにチャレンジすることこそが、自分を大きく成長させる結果につながる。

まとめ

成長のためには、「自分で機会を作る」ことが大切。短期的な見返りではなく、いかに自分の価値を高められるかという観点で。単に待つだけではなく、「自分が望む機会」を自分で用意すること。

work

自分の価値を高めるために、どのような機会があればいいかを考えてみよう。そしてその機会を得るために、具体的にどう行動すればいいかをシミュレーションしてみよう。

・**望ましい機会（　　　　）**
・**その機会を得るための具体的行動（　　　　）**

rule 46

自分の可能性を広げるために、意識的に種をまいていこう

自分の成長やキャリアアップは、それがどんなに考えられた戦略的なものであったとしても、どうしても「偶然性」に左右されるものだ。その中でも決定的に大事なのは、「どういう人に出会えるか？」ということ。自分の可能性を開くカギは、ほとんどの場合、出会う人によってもたらされるものだ。自分のキャリアにとって「運命の人」に出会えるかどうかは、人生の中でも本当に重要な要素だ。

成功者は皆、それぞれ自分の「運命の人」に出会えたことを振り返って、「自分は本当にラッキーだった」などと述懐する。しかし、本当にそれだけなのだろうか？

まだ見ぬ「運命の人」には、単に願うだけではなかなか出会うことはできない。しかし、出会うための**「チャンスの多さ」は、自分の努力で増やせるはずだ。**それは、ルーレットにもたとえられる。ルーレットを回して、当たりが出るかどうかは偶然性に左右される。しかし、「ルーレットを回す」回数は努力で増やせる。ルーレットを何度回すかは、その

人次第なのだ。多く回せば回すほど、大当たりに出会う確率も上がる。

偶然で幸運な出会いを増やすためには、自分から積極的に動き、その偶然性を意識的に高める必要がある。これは「計画的偶発性理論（Planned Happenstance）」と呼ばれ、1999年にスタンフォード大学のクランボルツ教授によって提唱された。単に偶然を待つだけではなく、自分から積極的に動いてチャンスを増やすと、より良いキャリアを歩める可能性が高まる――そういうことが、研究成果からも明らかになっているのだ。

では、どうすれば、「偶発的な良い出会い」を増やすことができるのだろうか？　その方法を考えていこう。

積極的に種をまく

まずは、常に自分自身のネットワークを広げる努力をしておくことだ。しかしそれは、すぐには成果は出ないかもしれない。将来の成果のために「種をまいておく」という考え方に近いだろう。そしてそれこそが、幸運な偶然を増やすための、必然の努力なのだ。

たとえば、よく「異業種交流会に行って、名刺交換をするだけではまったく意味がない」といわれる。しかし、その意見を鵜呑みにしてはいけない。確かに、名刺交換だけでそのあと何もアクションをしなければ、単にそれで終わってしまう。しかし、その名刺交換から、新しいつながりや事業が生まれたというケースも、数え切れないほど実在するのだ。

名刺交換をするときにしっかりとヒアリングをし、自分と関係がありそうなポイントを把握しておく。そして、つながっておきたいと判断すれば、改めてきちんと連絡をする。アポイントを依頼してもいいし、SNSでつながるのもいい。これらの行動はすぐに価値を生むことがないとしても、まさに、将来への大切な投資活動といえるのだ。

また、SNS上だけでも、出会いの可能性は広げられる。積極的にフォロー／フォロワーを増やすと、そのぶん、自分の将来の可能性は高まっていく。単に数だけを追うことには意味がないが、つながりたい人と積極的につながり、リレーションを深めていくことは、いずれ自分を助ける結果につながる。「運命の人」が、そこにいるかもしれないのだ。

既存のつながりをムダにせず、もっと活かす

せっかくの「つながり」も、単に知り合いというだけではその後なかなか発展しない。しかし、すでに知り合っている人が、今の自分にとって重要な情報を持っているということはよくある。問題は、自分がそれを把握できていないこと。成功の鍵がすぐそばにある

にもかかわらず、その存在に気づいていないという、非常にもったいない状況だ。

だから、日頃からの意識的なコミュニケーションが大切。誰がどういう価値を持っているのかをきちんと把握しておき、せっかくのチャンスを逃さないこと。そのときに、自分から価値を提供できることがあれば、ギブ・ファーストの精神でどんどんやっていこう。その行動が、あとで自分に何十倍の価値となって返って来るのだ。

また、自分から積極的に発信しつづけることも大事だ。何か新しいことをやろうとして、その内容を知られるリスクを嫌って隠すという人は多い。しかし今の時代、アイデアだけが知られてそれが競合リスクになるという可能性は減っている。アイデアだけなら、どこにでも転がっているからだ。

それよりも、自分のアイデアをネットワーク内に広め、他者から適切なアドバイスをもらったり、新たに人を紹介してもらえるメリットのほうがはるかに大きい。自分のやりたいことを知ってもらうことにより、積極的に応援を受けられるようになる。せっかくのつながりを、うまく活かさない手はない。**自分からの具体的な行動を増やすことによって、「思いがけず」助かった、そういう「偶然」を、意識的に増やしていくのだ。**

まとめ

自分の可能性を高めるには、意識的に「偶発的な」出会いを増やす努力をする。自分から積極的に動くことにより、良い出会いのチャンスは本当に増える。

work

「偶発的な」良い出会いを増やすために、自分ができそうなことはなんだろうか？　やれることは、今からどんどんやっていこう。

・意識的な努力①
（　　　　　　）

・意識的な努力②
（　　　　　　）

・意識的な努力③
（　　　　　　）

rule 47

後ろを見るのではなく、常に前を見る

他人が失敗したときに、「なぜ失敗したんだ？」などと詰め寄る行為は、多くの場合においても良い結果をもたらさない。いくら1つの失敗を責めたところで、過去はもう変えることができないのだから。責めつづけられる本人は、「変えられない」過去について深く悩んでしまうかもしれない。そうなると、精神的に追い詰められることにもなる。

過去を叱責する人は、その理由として「失敗を繰り返さないように」と主張する。しかし、本当にそう思うのであれば、過去だけに焦点をあて、人を執拗に責めるべきではない。回答のしようがない質問で詰め寄ることは、教育効果を考えたものではなく、自分の腹いせにすぎないこともある。それは、立場を利用した悪質なマウンティングではないか。

本当に相手のことを思うのであれば、過去ではなく、もっと未来に目を向けるべきだ。もう変えられない過去を責めるのではなく、「次はどうするのか？」という話をするのだ。過去を非難することはとても簡単だ。なぜなら、具体的に見えやすいから。しかし、未来

のことを考えるのは、より抽象的な思考が必要になるので難しい。だから、多くの人は「過去に着目し、それを非難する」ことに終始するのだ。しかしそうではなく、未来のことを一緒に考えるスタンスが、相手を勇気づけ、より理想的な成長をうながす。

自分自身へも同じ考え方をする

気をつけておくべきこと。それは、この「過去を責める」行為は、他人に対してのみならず自分に対してもやってしまうということ。誰しも、過去を悔やんだり嘆いたりしても、それがもう変えられないことは十分に理解しているはずだ。しかし、過去を振り返るほうが具体的で簡単だ。失敗してしまった瞬間のイメージも、まだ鮮明に残っている。だから、もう考えても仕方がないことを、繰り返し繰り返し思い出してしまうのだ。

それが行きすぎると、自分の次の行動にも悪い影響を及ぼす。また新たな困難に出合ったとき、前回の失敗を思い出し、積極的な行動を取れなくなってしまうのだ。困難を乗り越えようという勇気が出ず、無難で、保守的な姿勢に終始してしまう。変えることのできない過去の失敗の呪縛のせいで、自分で自分の可能性を摘み取ってしまうのだ。

過去の失敗を繰り返し思い出すというネガティブな思考のループにはまってしまうと、

自分で自分の心を傷つけることになる。ここで覚えておく大事なことは、「失敗した事実は過去の1回だけ」ということ。しかし、何度もそれを繰り返して思い出すことにより、たった1回の失敗が、何倍ものダメージとなって自分に襲いかかってくる。やめればいいのに、自分で自分を苦しめる行動を取ってしまうのだ。そのとき戦っているのは、過去の失敗そのものではなく、自分で増幅させた「幻のイメージ」にすぎない。

未来を向くことの大切さ

過去を思い出すことが、問題の解決になるわけではない。次のアクション、そして未来を考えることこそが、結局は過去に受けた傷をいやすことになるのだ。そしてそのためには、**過去の「原因」ベースで考えるのではなく、未来の「目標」という観点に頭を切り替えることが大切。「どうしてあんなことをやったのか」と悔やむのではなく、自分が実現したいことに向かって、どうやったらそこに近づけるかを考えるのだ。**

過去の失敗の原因探しというマインドから、未来の目的達成のための新しい行動へと頭を切り替えると、大事なのは過去ではなく、未来のほうだと思えるようになる。このパラダイムの転換はとても大切だ。日常の中で、ふと過去の手痛い失敗を思い出してしまう瞬間というのはある。しかし、そこからしつこい後悔の念にとらわれそうになったら、常に、「未来」を強烈にイメージし、これからの行動へと頭を切り替える努力をすることだ。
そうでなければ、人生の貴重な時間を浪費してしまうことになる。自分に与えられた時間は、過去を振り返るためにあるのではない。時間は、未来のために使うべきだ。

まとめ

他者が失敗したとき、過去を責めるのではなく、未来を一緒に考えることが大切。そしてそれは自分に対しても同じ。過去を悔やむ時間を、もっと未来を考えることに振り向ける。

work

もしも過去の失敗にとらわれそうになったとき、自分が考えるべき「未来のイメージ」はなんだろうか？　言語化しておき、いざというときにいつでも思い出せるようにしておこう。

・自分が考えるべき、未来のイメージ（　　　）

rule 48

デマに煽られることなく、自分の目を磨く努力をすること

SNS上では、今日もたくさんのデマが飛び交っている。中には、誰かに計画的に作られた「フェイクニュース」もある。そのウソが広まることにより自分に有利なように社会を動かそうとする、とても悪質な行為だ。しかし多くの人は、そのような隠された悪意に気づくこともなく、デマやフェイクニュースをあっさりと信じてしまう。その結果、世論が分断されたり、お互いが足を引っ張り合うような、意味のない争いが社会に絶えなくなってしまうのだ。

人間、「自分が信じたい情報」は、疑うこともなく簡単に信じ込んでしまう性質を持っている。たとえば、ある文章の中に賛成意見と反対意見が併記されている場合でも、反対意見については留意することなく、自分が信じたい「賛成意見」だけを見て、「やっぱり自分の意見が正しかった」と勝手に確信を深めるのだ。

これは、一部の人だけが持つ特別な性質ではなく、多かれ少なかれ、誰もが持っているものだ。自分の持つ「バイアス」によって、情報を都合のいいようにフィルタリングし、もっと悪い場合には、バイアスによって情報を歪めて理解してしまう。これが加速すると、思い込みの激しい、偏った考えにおちいってしまう危険性がある。

そしてSNSでは、この「偏り」がとても発生しやすい。自分が普段つながっている人びとは、自分の考えと近い人ばかりなことが多いからだ。だから恐ろしいことに、それが「世の中のほとんどの人は、自分と同じ考えを持っている」という発想につながってしまうのだ。これを、「エコーチェンバー現象」という。

エコーチェンバーというのは文字通り「反響室」のことで、音楽の収録などに使われる部屋。自分の声が、壁に跳ね返って部屋の中に響き渡る機能を持つ。これと同じことで、自分と同じ意見しかない狭いコミュニティに閉じこもっていると、自分の意見がまわりから増幅されて返ってくる。その中では、異なる意見などほとんど耳に入って来なくなる。その結果、自分の意見に対してますます確信を深め、「真実はこれ以外にあり得ない」というマインドになってしまうのだ。これは今日のSNS社会が抱える、大きな問題点だ。

SNSの中は、「真実かどうかは確認できないが、もっともらしい」情報でいっぱいだ。

本当は、その中から、どの情報が正しいかを自分の頭できちんと判断する必要がある。しかし、世の中の情報は極めて広範囲に渡る。医療、健康、カルチャー、政治、経済……、いくら「情報リテラシーを高めなさい」と言われても、この中の1つ1つの情報について、すべて自分で専門情報にあたるというのは到底不可能な話だ。

だからこそ大切なのは、われわれは、「自分が信じたい情報だけを信じる」傾向があることを理解しておくこと。そして、**1つの情報に対し、それは「信じるべき」情報なのか「信じたい」情報なのかを、その都度正しく判断する姿勢を持つことだ。**

自分自身の持つ「バイアス」

SNSに関する研究成果の中で、「デマは、真実よりもはるかに拡散されやすい」というものがある。恐怖や危機を感じさせ、極端で刺激に満ちた情報は、世の中にあっという間に広がってしまうのだ。人びとは、それが真実かどうかを確認することもなく、無自覚に他人に広めてしまう。そしてその行動は、むしろ「善意から」の場合もあるのでやっかいだ。

「これは貴重な情報だから人にも教えてあげなければ」という使命感により、受け取ったデマをそのまま拡散する。そして、広く拡散された情報は、「多くの人が伝える情報」として、本当に真実味を持ってしまうのだ。この構造は非常にやっかいだ。

これは、人間の脳が持つ、きちんとものごとを考えようとせず、いつもできるだけ効率的に判断しようとしてしまうクセも一因だ。これが、「バイアス」の正体ともいえる。そしてこのような脳の機能は、ものごとが「良い」か「悪い」か、「正義」か「悪」かという、感情や意思決定に大きな影響を及ぼすことになる。そしてそれは、ほとんどの場合、無意識のうちに機能しているのだ。

自分の考えに「軸」を持とう

単に、「知っている人みんなが言っているから正しい」という思い込みは怖いものだ。それは、自分自身の思考の放棄だともいえる。特に、有名人やSNSインフルエンサーの意見は、知らないうちに自分の考えにも大きな影響を与えてしまうことがある。

インフルエンサーといえど、普通の1人の人間である。正しい情報を発信しているとは限らず、また、社会に対して大きな責任を負っているわけでもない。もし間違えていたとしても、彼らが責任を取ってくれるわけではない。あくまで、情報を判断した「自分」に、最終的な責任があることを忘れてはいけない。

インフルエンサーが言っているから、まわりのみんなが言っているからといって、そのような「他者の意見・大多数の意見」に惑わされないようにしよう。あくまで、自分の頭でしっかりと考えることが大切だ。

まとめ

人は、有名人や、まわりの多くの人が言っていることをすぐに信じやすい。しかし、それだけだと自分の思考の放棄になってしまう。いつでも、しっかりと自分の頭で考える習慣を身につけること。

work

自分が好きな有名人、また自分のまわりの人たちは、(さまざまな世論に対して) どういう考えを持つ傾向にあるだろうか? それが良いか悪いかという観点ではなく、あくまで傾向として、自分自身で客観的に把握しておこう。

・まわりの人たちの意見の傾向 (　　　　)

rule 49

自分の動かせることだけにフォーカスする

トラブルに見舞われたとき、うまく動くことができず問題を解決できない人たちには、1つの共通点があることに気づく。それは、「自分が動かせること」と「動かせないこと」を切り分けないまま、時間をムダに使っていることだ。

自分に動かすことができないものは、どんなに思い悩んでも、努力しても、やはりどうしても動かすことができない。だからそれは脇に置いておくべきなのに、自分が動かせるか否かの切り分けができていないと、つい全部を一緒にしてしまい、貴重な時間を浪費してしまうのだ。

たとえば、「雨が降る／降らない」というのは、決して自分の思い通りにはならないことだ。しかし、それが自分の計画を大きく左右するとき、雨が降らないことを願って、そのことで頭をいっぱいにしてしまう。客観的な立場から見ると、そんなことを考えている時間はまったくムダであることがよくわかる。しかし、人は、そういうムダなことに心を悩ませ、頭をいっぱいにしていることがよくある。

雨が降ることは人間には防げないが、カサを用意することは誰にでもできる。もしくは、屋外で行なう予定だったイベントを、リスクヘッジして屋内開催のオプションを用意することもできる。本当に優秀な人は、「自分にできること／できないこと」を明確に分離し、あいまいな願望に頼ることなく、どんな状況においてもベストな結果を出せるように用意をしておくものだ。

対人関係にも同じ考え方を適用する

SNSが社会に浸透し、他者の生活や人生が見えやすくなった社会。SNSの本質は「人と人がつながること」であり、考え方やライフスタイルを他者と共有することが盛んに行なわれる。一昔前であれば、ごく身近な人以外だと、他者の考えや動向にここまで詳細に触れる機会などなかった。しかし今や、あらゆる場所にいる「他人」の意見や日常を、スマホで気軽に見ることができる。その結果、他人の人生に干渉したり、逆に自分が干渉されるような機会が、加速度的に増えているのである。

SNSが広まる以前から、人は、頼まれてもいないのに他者の人生に干渉したがるという性質を持っていた。それが今や、身近な人のみならず、画面の向こうの膨大な数の人々に対して干渉できる状況になったのだ。たとえ見知らぬ人であったとしても、人の人生を自分の一部のように感じてしまい、思い通りになるようにあれやこれやといらぬ干渉をしてしまうのだ。

人間は、他者に干渉したり、他者から干渉されると、過度に感情的になってしまうことがある。SNSでも、人が最もヒートアップするのは、自分のことをしているときではなく、他者とやり合っている瞬間だ。自分が持っている「こうあるべき」という正義に反する行動を目にすると、心が反応し、怒りや不快な気持ちをふくらませてしまうのだ。

しかも興味深いのは、たとえ自分にはまったく関係のないことでも、勝手に感情的になってしまうこと。自分自信が攻撃されたり批判されたりしたわけでもないのに、他者の行動が「自分の正義」に合致しないとき、あたかも自分が攻撃されたように思えて、過度に反応してしまうのだ。

人は人、自分は自分

他者の行動を許せないとき、自分の中にこみ上げてくる怒りを無理に抑えようと努力しても、心には負の感情が溜まってしまう。そして、その溜まった感情を抑え切れなくなると、それが爆発して周囲や自分自身を攻撃してしまうこともある。人間、精神力で「ガマン」するには限界があるのだ。だから、大切なのは、他者へ感じる怒りを抑え込むことではなく、**他者の行動を自分とは切り離し、まったく関係ないものと考えることだ。**

また、他者に対し、自分の思い通りに動いてもらおうと思っても、人を変えるのは簡単ではない。人は、自分自身が変わろうと思わない限り、変わることはできないからだ。だから、無理に人を動かそうとして時間を浪費するよりも、まずは自分が動かせることに集中することが大切だ。

自分が動かせない事象、そして他者の行動、それらに頭を悩ませたとしても、問題は解決しない。いくら考えたところで、自分が思う理想に持っていくことが困難だからだ。動かせない事象や他人が「思い通りになればいいな」と考えたところで、それは願望でしかない。願望を持つことを別に否定はしないが、それは、決して自分にはコントロールできないと気づくべきだ。

一方、自分の行動は、自分でコントロールできる。だから、自分の行動に集中することこそが、最も効率の良い行動のはずだ。まずは、自分が動く。自分ができることを、確実にこなす――この姿勢が、問題を解決し、理想を実現するためのいちばんの近道のはずだ。

まとめ

自分に動かすことのできない事象、そして他者の行動に対していくら思いわずらっても、それらはどうにもならない。時間をムダにせず、自分に動かせること、自分の行動に集中することが、成功へとつながる道だ。

work

今自分が抱えている課題で、「自分に動かせないもの」はないだろうか？それらを思い起こし、言語化しておこう。時間をムダにすることがないように。

・**自分に動かせないもの**

（　　　　　　　　　）

rule 50

大切なのは「過去の体験」ではなく「未来への想像力」

「決定論」という考え方がある。「あらゆることは、その事象に先行することによってすでに決定している」とする考え方だ。決定論にもさまざまなレベルがあるが、最も重いレベルの決定論によると、「実は人間は自由意志さえ持っていない」ということになっている。世の中のすべての出来事は、未来の出来事も含めて、因果関係によってあらかじめ決められているという考えだ。

一方、決定論の反対に位置するのは「非決定論」だ。非決定論は、人間の自由な意志を積極的に肯定する。この考えの中では、人間は、自己さえも否定することができ、これまでの自分とは違う、「まったく新しいほかのもの」になることもできるとされている。

世の中が決定論で成り立っているのか、非決定論で成り立っているのかは、長い間、哲学上の論争になってきた。宗教論も含め、いろいろな考えや議論はあろうが、僕自身はどうしてもやはり「非決定論」を信じたい。世の中、過去の出来事によってすべてが決まっていると考えると、自分が生きていることに意義を見い出せないのではないか。そんな人生だと、寂しすぎると思う。

「決定論にはさまざまなレベルが存在する」と言った。そして、「軽い」レベルの決定論的な考え方は、日常生活やビジネスの世界でも、割とカジュアルに用いられていたりする。たとえば「これは宿命だ」という言い回しは普通に聞くけれど、まさに決定論的な考えを反映しているといえる。自分の自由意志ではなく、過去からの因果によりものごとが決まっているという発想だ。

しかし、この考えが行きすぎるとどうなるか。個人的に良くないと思ってるのは、人びとが、未来への希望ではなく、過去ばかりを考えるようになるということだ。たとえば、「学歴が高いから／低いから、〇〇なのはあたり前だ」などの、硬直した考え方がはびこってしまうということ。そんなことをいわれても、今から過去に戻ることなどできない。なので、「今さらどんな努力をしてもムダ」ということになってしまう。こんなに無力感に襲われる話もないだろう。

過去は、未来によって規定される

近頃の、いわゆる「自分探し」が流行する風潮の中で、「過去の経験こそが大切だ」「原体験がなければ何もできない」というような話を多く聞くようになった。就職活動の場においても、執拗に「原体験」なるものを問われたり、若い社会起業家に対して、「原体験のない事業など成功するはずがない」と、極端な意見を押しつけてくる人も実際にいるのだ。

「原体験」といわれるもの自体が悪いものだとは思っていない。問題なのは、何から何まで強引に「原体験」に結びつけ、「体験したものがすべて」などと思い込んでしまう偏った考え方だ。この発想が定着してしまうと、経験したことがない人は、未知へチャレンジする権利を失ってしまうことになる。これはとても怖い風潮だと感じる。

知り合いで、介護領域で活躍する素晴らしい起業家がいるが、彼の場合、過去にその領域にはまったく接点を持っていなかった。でも、自分の「意志」により介護領域に強い課題意識と使命感を持ち、立派な実績を残している。もし彼が、自分が体験したことに限定した選択をしていたとすると、彼のこれまでの貢献や実績は、この世に存在しなかったことになる。

もし、自分の過去の体験を活かしたいと思うのであれば、思う通り存分に活かせばいいと思う。しかし逆に、あることを過去に体験していなかったとしても、それを恐れたり悔やんだりする必要はない。人間には「想像力」がある。「人に伝える力」もある。言語やコミュニケーションの力により、たとえ過去に経験していなかったとしても、頭の中でそれを「ビジョン」として無限にイメージすることができるのだ。そしてそれこそが、人間としての真の力であり、存在証明のはずだ。

大切なのは過去ではなく、未来。これまでの経験だけに縛られることのない、理想の世界を想像する力、やり遂げる強い意志、そして他者を思いやる心だ。それさえあれば、これから、どんな道でも選択することができる。体験した人をうらやむ必要もないし、「自分が経験できなかったこと」に喪失感を感じる必要もない。

過去を振り返り、「自分探し」に埋没してしまう必要はない。大切なのは、「過去は、未来によって規定される」と考えることだ。自分が新たな未来を作れば、それによって、過去への解釈はいくらでも変えることができる。過去が未来を作ると思ってはいけない。未来が、自分の過去を作る。

その思いを強く持ち、自分を信じ、そのまま進んで行くべきだ。

まとめ

大切なのは、過去ではなく、未来。過去が未来を決めるのではなく、未来が過去を決める。人間には「想像力」がある。たとえ経験していなくても、想像力を最大の武器とし、自分の未来を自由に作っていくべきだ。

work

自分が創りたい「未来」のイメージを最大限まで想像し、言語化してみよう。

・自分が創りたい「未来」のイメージ

（　　　　）

おわりに

「50のルール」を通じ、どれくらい思考が深まっただろうか？

自分なりの「想像」は十分にできただろうか？

ワークを通じ、明日からの行動イメージは明確になっただろうか？

バーチャルではあるけれども、本書を通じて「メンタリング」体験を少しでも得られたとすると、僕としても喜びはとても大きい。


合計で半年以上この本にかかわり、精神力もかなり使って出し切ったつもりでいる。そのエネルギーが、少しでも皆さんに届けばいいと願う。

改めて、「完璧な答えを導く」ことが本書のゴールではないと思っている。もし、何かしらの「考えるきっかけ」を持つことができただけでも、十分に大きな成果だといえる。まずはここまで読み切っただけで、かなりの力になっているはずだ。

逆に、まだ腑に落ちないところ、うまく答えが出なかったところ、そういう部分にこそ、これからを生きるためのヒントがある。これからの仕事、そして人生において、今回考えたことに近い場面に遭遇することもあるだろう。そのときこそが本番だ。その大切な本番に備えるため、事前に練習をしておいたと考えよう。思考、そして「想像」は、訓練すればするほど、その精度は必ず上がっていくから安心していい。

せっかくの学びをさらに深めるため、さらにはこれから向き合う「本番」に備えるため、自分で機会を見つけ、積極的にアウトプットをしていこう。アウトプット先は日記、ノート、ブログ、なんでもいいけれど、おすすめはやはりSNSの活用だ。自分と近い課題を持つ人、同じビジョンを持つ人に出会うことができるし、意見の交換により価値のある交流を実現し、お互いに切磋琢磨することができる。

そして、僕とも、ぜひＳＮＳでつながってほしいと思っている。noteやツイッターでフォローしてもらえるとうれしいし、特に力を入れているLinkedIn（リンクトイン）では、「本書を読んだ」とメッセージでひと言添えてもらえれば、皆さんからの「つながり申請」を喜んで承諾させていただく。

「いったい、なんのために仕事をしているのですか？」

この大切な問いについては、仲間との交流の中で、引きつづき考え、そして真剣に議論をしてもらいたい。それぞれに、きっとすばらしい答えがいずれ見つかるはずだ。皆さんそれぞれがその答えに出合う日を、心から楽しみにしている。

２０２1年4月　松本 淳

【松本淳が運用しているSNS】

LinkedIn
https://www.linkedin.com/in/jnmatsumoto/

note
https://note.com/jn_matsumoto

ツイッター
http://twitter.com/Jn_Matsumoto

本書の制作にご協力いただいた皆さま

本書の出版にあたっては、LinkedIn上にて内容や校正などについてサポートしていただける方を募り、非常に多くのメンバーにご参加いただきました。お名前の掲載許可をいただいた方々は以下の通りです（敬称略）。

大塚浩司　小川和弥　圭室俊雄　山城拓人
山田実希憲　宮野良郁　安部優姫乃　橋本豊輝
浜名冬樹　浅野 允　長田久美　片倉亜矢
高橋 啓　峯村耕太郎　堂満一成　西見勝也
里村龍之介　田中 牧　阿部貴子　藤田圭輔
高野愛夏　遠藤泰史　清水淳一　若林喜久枝
石川エバーソン雅恵　鈴村弘之　佐藤丈広　鏡味真矢
小笠原秀仁　小川清誠　佐藤晃一　菊地天平
中村元哉　柴田朋子　三好清太郎　砂原孝祐
岩田浩明　鈴木佑弥　高橋秀與　日野剛俊
山田幸司　若林由香　伊達信晴
鈴木祐美子　藤代伊那雄　山口 滋

「コミュニティ」の価値、そしてありがたさ、心強さをあらためて実感しました。ご助力に深く感謝したいと思います、本当にありがとうございました。

松本 淳 まつもと じゅん

株式会社アースメディア 代表取締役CEO
iU情報経営イノベーション専門職大学客員教授、リンクトイン公式クリエイター、一般社団法人ソーシャルアントレプレナーズアソシエーション理事
1997年、同志社大学法学部卒業後にインテリジェンス（現パーソルキャリア）に入社、人材紹介事業の立ち上げメンバーとして事業企画を担当。
2003年、HRテックのジョブダイレクトを創業、革新的なビジネスモデルが市場に評価され急成長する。
2008年、上場準備を進める途上でリクルートによるM＆A提案を受け事業を売却。その後は国内およびアジア諸国にて国際NGOなど非営利組織の支援に携わる一方、国内外の多くの起業家、経営者のメンターも務める。
現在は、LinkedInなどの各種ソーシャルメディアを基盤とする「ソーシャルリクルーティング」の可能性を追求し、再び人材業界に新しい価値をもたらすべく事業を推進中。若手世代の支援のみならず、一生涯起業家として自分自身の可能性を追求している。

リクルートに会社を売った男が教える
仕事で伸びる50のルール

2021年7月7日　初版発行

著者　松本 淳
発行者　太田 宏
発行所　フォレスト出版株式会社
〒162-0824　東京都新宿区揚場町2-18　白宝ビル5F
電話　03-5229-5750（営業）
03-5229-5757（編集）
URL　http://www.forestpub.co.jp
印刷・製本　中央精版印刷株式会社

ISBN978-4-86680-136-0　Printed in Japan

仕事力を圧倒的に高めるための
思考と行動の習慣を身につける！

特別データ

無料プレゼント

著者・松本 淳さんより

本書で紹介した「50のルール」の各ルールに付随する「work」を「実際にどのように活用するか」がわかる記入例のPDFファイルを読者の皆さまにご提供します。ぜひともご活用ください。

特別プレゼントはこちらから無料ダウンロードできます↓

http://frstp.jp/50r

※特別プレゼントはWeb上で公開するものであり、小冊子・DVDなどをお送りするものではありません。

※上記無料プレゼントのご提供は予告なく終了となる場合がございます。あらかじめご了承ください。